Peters · Russische Satire
im 20. Jahrhundert

Artemis Einführungen

Band 14

Herausgegeben von
Peter Brang
Willi Erzgräber
Hans Fromm
Manfred Fuhrmann
Walter Hinck
Ulrich Mölk
Klaus von See

Russische Satire im 20. Jahrhundert

Eine Einführung von
Jochen-Ulrich Peters

ARTEMIS VERLAG
MÜNCHEN UND ZÜRICH

CIP-Kurztitelaufnahme der Deutschen Bibliothek

Peters, Jochen-Ulrich:
Russische Satire im 20. Jahrhundert
e. Einf. von Jochen-Ulrich Peters.
München ; Zürich : Artemis-Verlag, 1984
(Artemis-Einführungen ; Bd. 14)
ISBN 3-7608-1315-1

NE: GT

Satz: Uhl + Massopust, Aalen
Druck und Bindung: Pustet, Regensburg
Printed in Germany

VORWORT

Die vorliegende Darstellung kann und will nicht eine Geschichte der russischen Satire im 20. Jahrhundert ersetzen, die zwangsläufig einen sehr viel größeren Raum beanspruchen würde. Entsprechend dem Konzept der Reihe, in der sie erscheint, beschränkt sie sich auf die eingehendere Präsentation und Analyse relativ weniger satirischer Texte, um an diesen die unterschiedlichen literarischen Möglichkeiten und die wichtigsten Entwicklungstendenzen der satirischen Schreibart zu verdeutlichen.

Für diese doppelte Zielsetzung bot sich eine Form der Darstellung an, die die verschiedenen literarischen Gattungen in den Mittelpunkt rückt. Denn nur auf diese Weise ließ sich das breite Spektrum sichtbar machen, das die russische Satire im 20. Jahrhundert aufweist, und zugleich die historische Dimension miteinbeziehen, die bei einer so realitätsbezogenen Schreibweise wie der satirischen nicht vernachlässigt werden durfte. Reagieren doch gerade die Satiriker sehr empfindlich auf die historischen, politischen und gesellschaftlichen Zustände und Veränderungen, um sie im Medium der Literatur ironisch zu kommentieren, auf komische Weise zu verspotten oder mit den Mitteln der Groteske zu demaskieren.

Bei der Textauswahl wurden bewußt solche Werke bevorzugt, die bereits ins Deutsche übersetzt worden sind und wegen ihrer besonderen ästhetischen Qualität sowohl zur Zeit ihrer Entstehung als auch später eine größere Beachtung gefunden haben. Dabei waren allerdings auch solche Satiren zu berücksichtigen, die erst viel später, innerhalb oder auch nur außerhalb der Sowjetunion, publiziert werden konnten. Andernfalls hätte sich ein sehr einseitiges oder sogar verzerrtes Bild der Gesamtentwicklung ergeben, da die jeweils gültigen Kriterien der offiziellen sowjetischen Literaturkritik und Kulturpolitik unkritisch übernommen und vorausgesetzt worden wären. Für das Verständnis satirischer Texte ist zwar die Art und Geschichte ihrer Rezeption von besonderer Bedeutung, weil sich im Anschluß an sie das kritische Potential und der Bedeutungswandel der Texte genauer eingrenzen und verfolgen läßt. Jedoch dürfen gerade im sowjetischen Kontext die zeitgenössischen oder späteren Rezeptionszeugnisse nicht überbewertet oder verabsolutiert werden. Nur zu oft ist eine angemessene Interpretation und Wertung durch die ästhetischen oder politisch-ideologischen Vorurteile der Kritiker erschwert oder durch die normativen Direktiven der offiziellen Kulturpolitik von vornherein verhindert worden.

Da aus Raumgründen auf biographische Angaben zu den Autoren und auf zusätzliche Hinweise auf ihre übrigen, nichtsatirischen Werke verzichtet werden mußte, wird der Leser auf Wolfgang Kasacks »Lexikon der russischen Literatur ab 1917« (Stuttgart 1976) verwiesen, in dem die russischen Satiriker eingehend berücksichtigt worden sind.

Die Textbeispiele werden im allgemeinen nur in deutscher Übersetzung zitiert, obwohl ein solches Verfahren bei satirischen Werken, in denen es in besonderer Weise auf die sprachliche Form ankommt, nicht unproblematisch ist. Die Literaturhinweise sind indessen so gehalten, daß – neben der wichtigsten Forschungsliteratur – zuerst die russischen Textausgaben und erst dann die jeweils benutzten, gelegentlich von mir korrigierten oder stilistisch leicht veränderten deutschen Übersetzungen angegeben werden.

Während im bibliographischen Anhang die in der deutschen Slawistik übliche wissenschaftliche Transliteration verwendet wird, habe ich für die Darstellung selbst die Duden-Transkription gewählt. Denn diese ist dem deutschen Leser vertrauter und wird auch in den meisten Übersetzungen russischer Texte bevorzugt.

Auf diese Weise mag das Bändchen auch den Nicht-Slawisten dazu anregen, sich durch die eigene Lektüre mit der vielfältigen Entwicklung der russischen Satire im 20. Jahrhundert vertraut zu machen, die auf die unterschiedlichste Weise mit der sehr viel bekannteren Satiretradition des 19. Jahrhunderts verbunden ist.

INHALT

I

Einleitung

Satire als literarisches Genre und als gattungsübergreifende Schreibart mit Tendenzcharakter. Die Kategorie der Verfremdung. Wirklichkeitsbezug und Fiktionalität. Das Problem der »idealen Norm«. Satire als integraler Bestandteil des sozialistischen Realismus und als radikale Kritik am offiziell postulierten Fortschritt. Historizität und Aktualisierbarkeit.

Ungeachtet aller Differenzen und Gegensätze, die die internationale Satirediskussion in Ost und West auch in neuester Zeit aufweist, zeichnet sich zumindest in einem wichtigen Teilbereich der Satiretheorie ein weitgehender Konsens ab. Von der Mehrzahl der Literaturwissenschaftler und Literaturkritiker wird die literarische Satire nicht länger als eine vierte, mit der Epik, Lyrik und Dramatik gleichsam konkurrierende, ›Naturform‹ der Dichtung angesehen, sondern als gattungsübergreifende Schreibart betrachtet, der neben einer spezifischen intentionalen Ausrichtung ein besonders stark ausgeprägter Wirklichkeitsbezug zugeschrieben wird. Damit wird zwar in keiner Weise bestritten, daß es seit der Antike – mit der klassischen Verssatire und der sog. Menippeischen Satire – zugleich auch relativ fest umrissene literarische Gattungen gibt, die zusammen mit der Fabel und der Komödie die europäische Satiretradition bis ins frühe 19. Jahrhundert hinein in besonders starkem Maße geprägt haben. Jedoch wird gleichzeitig berücksichtigt, daß es schon in der Literatur des 19. und erst recht in der Literatur des 20. Jahrhunderts – auch unabhängig von diesen historisch etablierten satirischen Formen und Gattungen – kaum mehr eine literarische Gattung gibt, in der nicht Satiren geschrieben worden sind oder zumindest geschrieben werden könnten.

Die Notwendigkeit, den Satirebegriff so extensiv auszulegen, wird durch die Entwicklung der russischen

Satire in vollem Umfang bestätigt. Sind doch auch in Rußland – spätestens seit Gogol – neben der Komödie die kürzere oder längere Erzählung sowie der Roman so intensiv zu satirischen Zwecken genutzt worden, daß sich das breite Spektrum der satirischen Schreibart nur dann adäquat erfassen läßt, wenn sich die Darstellung nicht auf so traditionelle satirische Gattungen wie die Verssatire, die Fabel oder die Komödie bzw. eher publizistisch ausgerichtete satirische Kleinformen wie das Pamphlet, das Feuilleton, das Epigramm oder die Parodie beschränkt. An allen diesen literarischen Formen und Gattungen läßt sich zwar die spezifische Intention der Satire, ihre Tendenzhaftigkeit, am direktesten ablesen. Jedoch ist in diesen Fällen die literarische Darstellung in der Regel so objekt-, zeit- und personenbezogen, daß solche satirischen Texte nur selten ihre Geschichtlichkeit zu transzendieren vermögen und sich einer späteren, nicht literarhistorisch ausgerichteten Rezeption weitgehend widersetzen.

Fragt man nun nach den wichtigsten Merkmalen der satirischen Schreibart in ihrem Strukturzusammenhang, so wird man auch an ihr zunächst und in erster Linie die Tendenzhaftigkeit hervorheben und diese als das wohl konstitutivste Kennzeichen aller satirischen Texte ansehen. Jedoch muß diese Tendenzhaftigkeit deshalb durchaus nicht im Widerspruch zur ästhetischen Funktion der Texte stehen. Vielmehr scheint sie diese gleichsam zu ›überformen‹ und in bestimmter Weise zu funktionalisieren. Wie insb. K. Hempfer in seinem inzwischen weitgehend akzeptierten Modell einer strukturalen Satirepoetik gezeigt hat, unterscheiden sich satirische von nicht-satirischen Texten eben dadurch, daß in ihnen das Ästhetische niemals zum Selbstzweck wird, da sie sich durchweg »in negativ abwertender Weise auf ein Wirkliches der historisch-empirischen Faktizität« beziehen. Diese Grundbestimmung der satirischen Schreibart hat den Vorzug, daß mit ihr die Tendenzhaftigkeit bzw. Operativität der Satire nicht länger gegen ihre ästhetische Struktur ausgespielt wird; vielmehr wird sie von vornherein auf diese bezogen. Zugleich macht sie verständlich, warum die Satire auch schon früher immer wieder als eine leser- bzw. publikumsorientierte Schreibweise verstanden und definiert worden ist, die im Grenzgebiet zwischen Poetik und Rhetorik angesiedelt ist. Denn so kategorial sich auch die Satire durch ihre aggressive Grundtendenz und ihre ästhetische Organisation von der bloßen Invektive, der unvoreingenommenen Kritik oder dem theoretischen Diskurs unterscheidet: auch ihr liegt eine Überredungsstrategie zugrunde, die den Leser, Zuhörer oder Zuschauer mit den verschiedensten rhetorischen Mitteln zu beeinflussen sucht. Sofern sie ihm nicht noch zusätzlich eine gegenbildliche Norm mitzuvermitteln versucht, legt sie ihm zumindest eine negative Einschätzung der in ihr dargestellten Gegenstände nahe.

Aus der hier zunächst hervorgehobenen Funktion bzw. Wirkungsintention der Satire ergeben sich aber nun fast zwangsläufig bestimmte, besonders privilegierte Formen der Darstellung, die sich trotz aller historischen Vielfalt und Gattungsbezogenheit unter den Begriff der Reduktion oder der Verfremdung subsumieren lassen. Denn wenn nach dem berühmten Diktum von Wiktor Schklowskij das Verfahren der Verfremdung das wichtigste Kennzeichen aller ästhetisch wertvollen und wirkungsvollen Literatur darstellt, so trifft diese Feststellung erst recht und in besonderer Weise auf die Satire zu. Ist doch der Satiriker mehr als jeder andere Schriftsteller daran interessiert, ›automatisierte‹ Wahrnehmung aufzubrechen, um den Rezipienten seines Werks zu einer neuen Sicht auf die ihn umgebende Realität zu verhelfen. Durch die verschiedensten Verfahren der Deformation, Reduktion oder Distanzierung wird nicht allein die Verkehrtheit der bestehenden Welt aufgewiesen und wie in einem Zerrspiegel sichtbar gemacht. Vielmehr soll gleichzeitig der Leser dazu motiviert werden, das Verhältnis zu sich selbst und zu seiner Umwelt neu zu überdenken und gegebenenfalls zu korrigieren. Der Satiriker scheint es also geradezu darauf anzulegen, den Leser mit einer Welt zu konfrontieren, die zwar im einzelnen sehr direkt auf die ihm vertraute Lebenswelt verweist, aber ihm im ganzen als phantastische bzw. gelegentlich geradezu groteske Verkehrung der realen Welt erscheint. Einzelne, in satirischen Texten besonders stark verbreitete rhetorische Figuren wie die Metonymie, die Synekdoche, die Antiklimax oder die Hyperbel unterstützen dabei die Strategie des Satirikers, eine fiktive Welt zu entwerfen, die sich bei genauerer Betrachtung als mehr oder weniger stark verzerrte bzw. travestierte Darstellung der realen Welt und der in ihr herrschenden Sinn- und Normensysteme erweist.

Wegen dieses auf dem Kontrast bzw. der Inkongruenz basierenden Modus der Wirklichkeitspräsentation ist das Satirische – vor allem von der sowjetischen Satiretheorie – häufig mit dem Komischen gleichgesetzt oder diesem sogar subsumiert worden. Denn auch die Wirkung des Komischen resultiert ja vornehmlich daraus, daß mit den verschiedensten Mitteln der Abweichung oder Verfremdung eben die Widersprüche und Ungereimtheiten aufgedeckt werden, die sich nicht mit der gewohnten oder erwünschten Sicht der Dinge in Einklang bringen lassen. Indessen läßt sich wohl kaum übersehen, daß das Komische durchaus nicht immer die eindeutige Negativität aufweist, die dem Satirischen und der Satire im allgemeinen zugeschrieben wird. Das Lachen, das von satirischen Texten evoziert wird, dient niemals nur der bloßen Erheiterung, sondern verfolgt immer auch das Ziel, die Figuren bzw. das ihr Verhalten bestimmende gesellschaftliche Milieu zu verlachen, zu attackieren bzw. zu entlarven. Und eben deshalb rufen satirische Texte durchaus nicht immer und vor allem nicht ausschließlich das Lachen des Lesers hervor, sondern vermitteln ihm häufig ein Gefühl der Irritation, des Hasses oder sogar der Angst gegenüber den nur schwer zu durchschauenden Widersinnigkeiten der in ihnen fiktional entworfenen Welt. Nicht umsonst gibt es ja schon seit der Antike neben der »komisch-heiteren« Satire des Horaz zugleich die »tragisch-pathetische« Satire des Juvenal, die sich gerade auch in ihren späteren Ausprägungen innerhalb der russischen Literatur kaum mehr als Ganzes unter den Begriff des Komischen subsumieren läßt. Hinzukommt, daß komische Texte nur selten einen so direkten Wirklichkeitsbezug aufweisen, wie er für die satirische Schreibart konstitutiv zu sein scheint. Das Komische kann offenbar erst dann seine satirische Wirkung voll entfalten, wenn – nach einer Formulierung von W. Preisendanz – »die dargestellte, artistisch elaborierte Wirklichkeit« zu der »gemeinten, anvisierten faktischen Wirklichkeit« in Beziehung gesetzt wird. Dies bedeutet jedoch, daß zwangsläufig in vielen Fällen erst der Leser, Zuhörer oder Zuschauer darüber entscheidet, ob ein Text als komischer oder als satirischer aufgefaßt oder bewertet wird.

Diese auffällige Offenheit satirischer Texte für die verschiedensten Konkretisationen, die sich exemplarisch an der Rezeptionsgeschichte von Swifts *»Gulliver's Travels«* oder Gogols *»Revisor«* ablesen läßt, weist bereits darauf hin, daß der stark ausgeprägte Wirklichkeitsbezug der Satire nicht mit einer wie auch immer subjektiv gebrochenen Abbildung der außerliterarischen Realität verwechselt oder gleichgesetzt werden darf. Zwar enthalten gerade satirische Texte in der Regel außergewöhnlich viele identifizierbare Realitätsfragmente, die unmittelbar auf die sie umgebende sozio-kulturelle Lebenswelt oder andere, ihnen vorausgehende literarische Texte verweisen. Jedoch ist von der neueren Satiretheorie mit Recht hervorgehoben worden, daß dessen ungeachtet satirische Texte im allgemeinen eine amimetische Struktur aufweisen; amimetisch insofern, als der Satiriker eine als unzulänglich oder bedrohlich empfundene Realität gerade nicht durch verdoppelnde Nachahmung nur noch einmal zu bestätigen, sondern sie in ihrer Verkehrtheit transparent zu machen versucht. Schon mittels der die satirische Schreibart generell auszeichnenden Tendenzhaftigkeit, dann aber auch durch eine Fülle weiterer Fiktionssignale wird der Leser satirischer Texte immer wieder darauf hingewiesen, daß sich die Darstellung einer sehr bewußten und einseitigen Selektion und Kombination außertextlicher Elemente verdankt, die durch die satirische Brechung zum Gegenstand einer neuen, verfremdenden Wahrnehmung werden. Da sich also der besonders stark ausgeprägte Wirklichkeitsbezug der Satire und ihr amimetischer Charakter nicht ausschließen, sondern bedingen, läßt sich auch die sog. ›realistische‹ Satire nicht als komisch gebrochene Widerspiegelung der objektiven gesellschaftlichen Wirklichkeit oder der ihr inhärenten Entwicklungstendenzen auffassen, wie dies in der sowjetischen Satiretheorie und Satireforschung immer wieder geschieht. Satirische Texte lassen sich nicht auf einen mehr oder weniger normativ vorgegebenen Wirklichkeitsbegriff zurückbeziehen und an diesem messen. Denn schon die Darstellung der Figuren, aber auch die Raum- und Zeitvorstellungen und Handlungssequenzen sind so sehr auf die jeweilige Tendenz bezogen und so stark von der jeweiligen satirischen Funktion des Textes abhängig, daß eine ›adäquate‹ Spiegelung der gesellschaftlichen Realität weder vom Autor intendiert ist noch vom Leser oder Kritiker im nachhinein verlangt werden kann. Dementsprechend hielt es bereits Majakowskij für erforderlich, das Publikum seiner satirischen Komödie *»Das Schwitzbad«* mit einem Spruchband ausdrücklich darauf hinzuweisen, das Theater nicht mit einem »widerspiegelnden Spiegel« (otobražajuščee zerkalo) zu verwechseln, sondern in ihm ein »Vergrößerungsglas« (uveličivajuščee steklo) zu sehen. Diese ironische Wendung Majakowskijs gegen die Widerspiegelungstheorie und ihre ästhetischen und ideologischen Implikationen und Postulate verweist noch einmal auf den außerordentlich komplizierten Wirklichkeitsbezug der satirischen Schreibart, der – jedenfalls bei sehr vielen satirischen Texten – die Fiktionalität bzw. Phantastik der Wirklichkeitspräsentation nicht ausschließt, sondern eher noch unterstreicht. Denn obgleich sich nicht allein Majakowskijs Komödien, sondern auch die meisten übrigen russischen Satiren des 20. Jahrhunderts sehr konkret auf bestimmte historische, literarische oder lebensweltliche Fakten der zeitgenössischen Wirklichkeit beziehen, bieten sie gerade nicht ein ›objektives‹ Bild ihrer Zeit. Jede Bezugnahme auf die Realität ist vielmehr von vornherein von einer bewußten Einseitigkeit, nämlich einer Bevorzugung vornehmlich negativer Gegenstände und Erscheinungen bestimmt. Denn nur auf diese Weise können diese Zerrbilder einer »idealen Norm« konfrontiert werden, der gegenüber die außerliterarische Wirklichkeit mit ihren scheinbar unveränderbaren, vom Staat oder der Gesellschaft sanktionierten Normen, Konventionen und Werten als ›verkehrte Welt‹ erscheint.

Mit dem Problem der »idealen Norm« ist ein Problem berührt, das im Zusammenhang mit einer Darstellung der russischen Satire im 20. Jahrhundert von besonderer Bedeutung ist. Denn obgleich auch in der westlichen Satiretheorie im allgemeinen an der Normgebundenheit des satirischen Angriffs festgehalten wird, um die Satire von der Invektive, dem Pamphlet oder dem Pasquill abzusetzen, wird doch zugleich gesehen, daß satirische Texte des 20. Jahrhunderts nur noch selten über eine feste und explizit ausformulierte moralische oder politisch-gesellschaftliche Norm verfügen, sondern die »ideale Norm« bestenfalls indirekt in die Darstellung der verkehrten Welt eingeht. Demgegenüber insistiert auch noch die neuere sowjetische Satiretheorie im allgemeinen darauf, daß zumindest alle nach der Oktoberrevolution entstandenen Satiren einer klar erkennbaren »idealen Norm« verpflichtet zu sein hätten und sieht in den Werken, die diese Norm nicht aufweisen oder sogar ausdrücklich in Frage stellen, eine bewußte oder unbewußte Entstellung oder Verleumdung der sowjetischen Wirklichkeit. Zwar wird inzwischen auch die offizielle sowjetische Satire nicht länger darauf verpflichtet, entweder die antagonistischen Widersprüche in den kapitalistischen Ländern aufzudecken oder aber nur deren »Relikte« (perežitki) in der sowjetischen Wirklichkeit zu entlarven. Vielmehr wird der Satiriker seit den 60er Jahren von der offiziellen Literaturkritik ausdrücklich dazu ermutigt, auch solche persönlichen Verfehlungen und gesellschaftlichen Mißstände aufzugreifen und zu attackieren, die die eigene gesellschaftliche Entwicklung hervorgebracht habe. Jedoch soll sich seine Darstellung gleichwohl an bestimmten »positiven Idealen« orientieren, die mit der teleologischen Geschichtstheorie des Marxismus-Leninismus und mit dem sowjetischen Weg zum Sozialismus begründet werden, durch den diese bereits weitgehend in die gesellschaftliche Praxis hätten umgesetzt werden können. Damit wird aber auch noch die Satire als notwendiger und integraler Bestandteil des sozialistischen Realismus verstanden, auch noch der Satiriker darauf verpflichtet, trotz aller schonungslosen Kritik an einzelnen Abweichungen und Verfehlungen die Wirklichkeit nicht ausschließlich negativ, sondern immer zugleich in ihrer »revolutionären Entwicklung« darzustellen.

Nun ist kaum zu bestreiten, daß vor allem unmittelbar nach der Oktoberrevolution so bedeutende Satiriker wie Majakowskij, Katajew oder Ilf und Petrow Gedichte und Prosatexte verfaßt haben, die eine solche optimistische Perspektive aufweisen und zugleich eine tiefgreifende und auch ästhetisch anspruchsvolle Analyse der noch bestehenden gesellschaftlichen Widersprüche liefern. Nur zeigt bereits die russische Satire der frühen 20er Jahre ebenso deutlich, daß sich eine solche »ideale Norm« nicht voraussetzen oder autoritär vorschreiben läßt. Mit seiner negativen Utopie *»Wir«* konzipiert etwa Samjatin schon 1920 einen satirischen Roman, der zwar ebenfalls einer klar erkennbaren »idealen Norm« – der uneingeschränkten Freiheit und Selbstverantwortung des Individuums – verpflichtet ist, aber eben dadurch schon früh das sowjetische Gesellschaftssystem und seine politischen und ideologischen Grundlagen radikal in Frage stellt. Vor allem aber zeigt die spätere Entwicklung der russischen Satire, wie mit dem weiteren Ausbau des totalitären Staats- und Gesellschaftssystems jede klare und ausdrückliche Darstellung einer »idealen Norm« weitgehend vermieden wird, da sich der Satiriker in vielen Fällen auf die analytische Beschreibung und kritische Entlarvung einer als bedrohlich und inhuman empfundenen gesellschaftlichen Ordnung beschränkt. Die satirischen Texte von Aleksandr Sinowjew sind ein besonders eindringliches Beispiel dafür, wie sich auch die russische Satire des 20. Jahrhunderts in immer stärkerem Maße der negativen Utopie annähert, die gerade keine gegenbildlichen Normen mehr vermittelt, sondern bestenfalls ein prinzipiell unerreichbares und zumindest nicht mehr auszuformulierendes Ziel andeutet. Die »ideale Norm« ist hier gleichsam in die sprach- und idelogiekritische Darstellung der ›schlechten‹ Realität eingegangen und kann, wenn überhaupt, nur noch von einem Leser aktualisiert werden, der sich nicht mit der bloßen Darstellung der Negativität zufriedengeben will.

So allgemein die Kriterien auch immer sein mögen, mit deren Hilfe von der neueren Literaturtheorie satirische von nichtsatirischen Texten unterschieden werden: sobald man diese distinktiven Merkmale nicht isoliert, sondern in ihrem Strukturzusammenhang betrachtet, gestatten sie nicht nur eine erste, wenn auch zwangsläufig noch sehr offene Charakterisierung der satirischen Schreibart; sie lassen sich zugleich als erste Auswahlkriterien verwenden, an denen sich eine Darstellung der russischen Satire im 20. Jahrhundert orientieren kann. Denn erst dann, wenn alle hier benannten und kurz diskutierten Strukturmerkmale zusammentreffen und zusammenwirken, haben wir es mit literarischen Texten zu tun, in denen das Satirische zum organisierenden Prinzip geworden ist und in gleicher Weise die Grundintention, den Modus der Wirklichkeitsdarstellung und die spezifischen ›rhetorischen‹ Strategien des Satirikers bestimmt. Allerdings wird man sich gleichzeitig der Tatsache bewußt sein müssen, daß eine solche generelle Charakterisierung der satirischen Schreibart zunächst nicht mehr als eine ahistorische Konstante darstellt, die erst durch die vergleichende Analyse sehr unterschiedlicher Texte konkretisiert und stärker differenziert werden kann. Denn im literarischen Prozeß selbst existiert diese satirische Schreibart zwangsläufig nur in Gestalt sehr verschiedener literarischer Formen und Gattungen, die erst gemeinsam das breite Spektrum sichtbar machen, das die satirische Schreibweise als ganze auszeichnet.

Schon aus diesem Grunde wird auch eine Darstellung über die russische Satire im 20. Jahrhundert zugleich historisch und typologisch orientiert sein müssen. Sie wird danach zu fragen haben, in welcher Phase der historischen Entwicklung welche literarischen Formen und Gattungen dominieren und wie in ihnen jeweils das ästhetische und das tendenzhaft-operative Element auf einander bezogen und miteinander vermittelt sind. Dabei wird sich allerdings zeigen, daß sich auch sehr gelungene satirische Texte, die zu ihrer Zeit intensiv rezipiert und diskutiert worden sind, durchaus nicht immer aktualisieren lassen. Denn oft läßt der ausgeprägte Zeit- und Wirklichkeitsbezug das Besondere zu sehr gegenüber dem Allgemeinen hervortreten. So sind etwa Majakowskijs frühe Verssatiren oder die berühmten, sehr direkt auf den Interventions- und Bürgerkrieg bezogenen ROSTA-Fenster weniger leicht in andere kulturelle Kontexte zu übertragen als seine späten Komödien, die, trotz aller konkreten Bezüge auf den frühen Stalinismus, nach Stalins Tod von den verschiedensten Bühnen innerhalb und außerhalb der Sowjetunion inszeniert werden konnten.

Jedoch gilt im allgemeinen, daß solche Satiren, die schon zu ihrer Zeit – wenn auch durchaus nicht immer in der Sowjetunion selbst – die größte Beachtung gefunden haben, auch später noch ästhetische und gesellschaftskritische Funktionen erfüllen können, ohne deshalb ihren ursprünglichen, konkreten zeitgeschichtlichen Bezug einfach zu verlieren. An den satirischen Texten von Sinjawskij, Daniel oder Sinowjew läßt sich exemplarisch ablesen, wie bereits durch leichte Formen der Verzerrung und Hyperbolik sehr spezifische Züge der nachstalinistischen sowjetischen Wirklichkeit erfaßt und aufgedeckt werden können, die zugleich für jede autoritär verfaßte moderne Gesellschaft Gültigkeit beanspruchen dürfen. Wie bei vielen westeuropäischen oder amerikanischen satirischen Texten des 20. Jahrhunderts scheinen sich auch in diesen Werken die Historizität und die Aktualisierbarkeit des Satirischen gerade nicht auszuschließen, sondern gegenseitig zu bedingen.

Wenn sich die vorliegende Übersicht über die russische Satire im 20. Jahrhundert trotzdem stärker auf die Literatur der 20er und frühen 30er Jahre als der Nachkriegszeit bezieht, so hat diese Schwerpunktbildung nicht zuletzt forschungsgeschichtliche Gründe. Nur für diese Periode gibt es bereits so intensive, wenn auch meist auf einzelne Autoren oder Gattungen bezogene, Vorarbeiten, daß sich schon jetzt die Werke oder Werkgruppen bestimmen lassen, die sowohl für die damalige Zeit besonders wichtig und repräsentativ waren als auch für den heutigen Leser von besonderem Interesse sind. Hinzukommt, daß sich in der Sowjetunion auch nach der Entstalinisierung nicht wieder solche kulturpolitischen Bedingungen ergeben haben, die eine so freizügige und vielfältige Entwicklung der russischen Satire hätten ermöglichen können, wie sie vor der Kanonisierung des sozialistischen Realismus bestanden. Zwar ist auch die offizielle sowjetische Satire der 60er und 70er Jahre längst nicht mehr den Restriktionen bzw. dogmatischen Vorschriften unterworfen, die während des Stalinismus eine Fortsetzung der vorausgehenden Satiretradition weitgehend ausschlossen. Jedoch stellen die in der Sowjetunion publizierten Satiren der Nachkriegszeit – zumindest typologisch betrachtet – eher eine nochmalige Realisierung bereits erprobter Modelle und Verfahren dar. Die gesellschaftskritische Schärfe und ästhetische Originalität ihrer berühmten Vorbilder erreichen sie nicht.

Demgegenüber zeigen die sehr unterschiedlichen satirischen Texte von Sinjawskij, Wojnowitsch oder Sinowjew, die ausschließlich im Westen veröffentlicht werden konnten, welche Angriffsflächen eine so in sich geschlossene totalitäre Gesellschaft und offizielle Kultur wie die sowjetische dem Satiriker dann bietet, wenn er nicht durch die Zensur bzw. eine dogmatische Literaturkritik daran gehindert wird, die politischen, ideologischen und moralischen Probleme und Widersprüche des »realen Sozialismus« aufzudecken. Alle diese Texte lassen sich trotz ihrer direkten Bezugnahme auf die sowjetische Gesellschaft schon wegen ihres universalen Anspruchs weit eher mit der modernen westlichen Satiretradition in Verbindung bringen. Sie werfen allerdings zugleich auch die Frage auf, inwieweit heute noch von einer einheitlichen russischen Literatur gesprochen werden kann. Dabei scheinen mir die in den letzten beiden Jahrzehnten außerhalb der Sowjetunion erschienenen russischen Satiren die These von einer tiefgreifenden Spaltung der russischen Literatur eher zu bestätigen als zu widerlegen. Denn nur in diesen wird, wenn auch mit den unterschiedlichsten stilistischen Mitteln, die von Partei und Staat beherrschte und kontrollierte offizielle Kultur einer vernichtenden Kritik unterzogen. Zugleich wird dieser Kultur, wenn auch nur in der Form der negativen Utopie, eine inoffizielle Gegenkultur gegenübergestellt, die von einer tiefen Skepsis gegenüber dem wissenschaftlich-technischen Fortschritt und der marxistischen Geschichts- und Gesellschaftstheorie bestimmt ist.

II

Historische Voraussetzungen und literarische Traditionen

Die Bedeutung des Revolutionsjahrs 1905 für die Erneuerung der Satiretradition des 19. Jahrhunderts. Maxim Gorkijs *»Russische Märchen«*. Die Wiederentdeckung der russischen Fabel durch den Parteidichter Demjan Bednyj. Majakowskijs frühe Verssatiren im Kontext des russischen Futurismus und der Zeitschrift *»Nowyj satirikon«*.

Wie direkt in Rußland die Entstehung und Verbreitung satirischer Texte an bestimmte historische Konstellationen und kulturpolitische Voraussetzungen gebunden ist, läßt sich bereits an der Entwicklung der russischen Satire im frühen 20. Jahrhundert ablesen. Nicht erst die Februar- und Oktoberrevolution des Jahres 1917 und die Übernahme der Macht durch die Bolschewiki, sondern bereits die revolutionären Aktionen im Jahre 1905 haben die verschiedenen politischen Parteien und gesellschaftlichen Gruppen dazu veranlaßt, die Satire als ein zugleich witzig-unterhaltsames und propagandistisch wirkungsvolles Instrument der politischen Aufklärung und Agitation einzusetzen. Innerhalb weniger Monate gewinnt damit die russische Satire wieder eine ähnliche gesellschaftliche Funktion und Bedeutung, wie sie sie bereits während der Regierungszeit Katharinas II., vor allem aber in den 50er und 60er Jahren des 19. Jahrhunderts besessen hatte. Denn Autoren und Publizisten wie Nikolaj Nekrasow, Nikolaj Dobroljubow und vor allem Michail Saltykow-Stschedrin hatten gerade die literarische Satire für ein besonders geeignetes Mittel gehalten, um gegen den faktischen Fortbestand der Leibeigenschaft und die Unterdrükkungsmaßnahmen der zaristischen Regierung zu protestieren, die mit der offiziell proklamierten Bauernbefreiung keineswegs beendet waren. Nachdem sich die russischen Satiriker – angesichts der restriktiven Innenpolitik unter Alexander II. und Alexander III. – seit dem Beginn der 70er Jahre weitgehend darauf beschränkt hatten, in eher humoristischer Form einzelne menschliche Schwächen oder allgemein bekannte gesellschaftliche Mißstände zu verspotten, brachte das Revolutionsjahr 1905 eine grundlegende Veränderung der Situation. Noch bevor sich Nikolaus II. dazu entschloß, durch das sogenannte »Oktobermanifest« im Herbst 1905 zumindest formal die Presse-, Rede- und Versammlungsfreiheit zu garantieren, sahen sich Journalisten und Schriftsteller wieder in die Lage versetzt, ihre jeweiligen Gegner und die von ihnen vertretenen politischen Positionen mit den Mitteln der Satire zu attackieren und lächerlich zu machen. Allein in den Jahren 1905 bis 1907 erschienen – nicht allein in Petersburg und Moskau, sondern auch in der Provinz – mehr als 250 satirische Zeitschriften, in denen der letzte russische Zar, seine Minister und seine persönlichen Ratgeber ebenso scharf angegriffen wurden wie die liberaleren Vertreter einer konstitutionellen Monarchie, die durch relativ geringfügige politische und ökonomische Zugeständnisse die Massenstreiks in den Städten und die Bauernaufstände auf dem Lande abzuwehren versuchten. An dieser Erneuerung der Satiretradition des 19. Jahrhunderts waren auch so namhafte Autoren wie Maxim Gorkij oder Leonid Andrejew bzw. so wichtige Vertreter des russischen Symbolismus wie Walerij Brjusow, Aleksandr Blok oder Wjatscheslaw Iwanow beteiligt. Jedoch sind auch deren Zeitschriftenbeiträge so situations- und personenbezogen, daß sie eher der Publizistik als der Literatur zuzurechnen sind.

Zwar mußten nach der vorzeitigen Auflösung des ersten und zweiten russischen Parlaments durch die zaristische Regierung im Jahre 1907 die meisten satirischen Zeitschriften ihr Erscheinen wieder einstellen. Doch sind bereits in dem der Oktoberrevolution vorausgehenden Jahrzehnt einige satirische Werke und Werkzyklen entstanden, die erkennen lassen, wie sich bereits im frühen 20. Jahrhundert eine Satiretradition herausbildet, die teilweise ganz direkt an die entsprechenden Vorbilder des

19. Jahrhunderts anknüpft. Ein solcher Rückgriff wurde dadurch begünstigt, daß sich unter dem bestimmenden Einfluß von Gorkij seit der Jahrhundertwende ohnedies eine sogenannte »neorealistische« literarische Schule herausbildete, deren Vertreter – im ausdrücklichen Gegensatz zum russischen Symbolismus – eine möglichst konkrete, wirklichkeitsbezogene und zugleich gesellschaftskritische Darstellung der zeitgenössischen gesellschaftlichen Realität anstrebten. Die satirischen Fabeln von Demjan Bednyj und die *»Russischen Märchen«* von Gorkij zeigen, wie eng die literarische Satire im frühen 20. Jahrhundert zunächst mit bestimmten publizistischen Gattungen verknüpft blieb und vornehmlich als ein ›operatives‹ Genre betrachtet wurde, in dem sich die politischen und literarischen Auseinandersetzungen der Zeit unmittelbar kommentieren ließen.

Obgleich auch Gorkijs frühe Essays, Erzählungen und Dramen bereits einzelne satirische Passagen und Verfahren aufweisen, lassen sich erst seine *»Russischen Märchen«* (1912 und 1917) durchgängig als Satiren bezeichnen und interpretieren. Mit ihnen knüpft Gorkij ganz bewußt an die satirischen Märchen an, die Michail Saltykow-Stschedrin, der nach Gogol bedeutendste Satiriker des 19. Jahrhunderts, in den 80er Jahren verfaßt hatte, um zumindest in verdeckter, allegorischer Form die fortbestehenden Konflikte zwischen Gutsbesitzern und Bauern, die Funktionslosigkeit des russischen Adels und die rücksichtslose Verfolgung der Intelligenzija durch die zaristische Regierung darzustellen. Allerdings können nur einige wenige der insgesamt 17 Texte des Zyklus als Märchen im engeren Sinne bezeichnet werden. Denn Gorkij war in der Mehrzahl der Fälle gerade nicht an der Schilderung einer irrealen, phantastisch-wunderbaren Welt interessiert, die erst vom Leser in die ihm vertraute zeitgenössische gesellschaftliche Wirklichkeit hätte transponiert werden müssen. Die Anklänge an die satirischen Volks- und Kunstmärchen beschränken sich deshalb in der Regel auf die bekannten Anfangs- und Schlußformeln des Märchens sowie auf einen der Volksdichtung angenäherten mündlichen Erzählstil, den Gorkij sehr bewußt dem kunstvoll elaborierten literarischen Stil der symbolistischen Dichter und Kunstkritiker entgegensetzt. Diese Funktion des märchenhaften Erzählens zeigt sich am direktesten an den ersten vier Texten des Zyklus, in denen nacheinander ein Philosoph und drei, die literarische décadence repräsentierende, Dichter geschildert werden, die Gorkij als Vertreter einer mondänen und verlogenen Lebensphilosophie verspottet. Ihre pessimistische Weltanschauung beziehungsweise ihre poetische Verherrlichung des Todes wird dabei als bewußte Anpassung an den herrschenden Geschmack denunziert, durch die der Philosoph ebenso wie die Dichter materiellen Reichtum und gesellschaftliches Prestige zu gewinnen versuchen. Während einige dieser Texte noch kaum über das Pamphlet oder das satirische Feuilleton hinausreichen, gelingt es Gorkij in der dritten, ursprünglich gegen den symbolistischen Dichter Fjodor Sologub gerichteten, Satire, die Widersprüchlichkeit der décadence insgesamt aufzudekken. Gorkij beschränkt sich hier nicht länger darauf, den luxuriösen und ambitionierten Lebensstil des Dichters und seiner Familie zu verspotten, der sich selbst – auf Anraten eines Journalisten – das Pseudonym Smertjaschkin (Der Todgeweihte) zugelegt hat. Die Satire bezieht sich zugleich auf den poetischen Text, der in folgender Weise parodiert wird:

Ja i ty – odna duscha i telo!
My s toboj naweki slity.
Eto smert tak mudro povelela,
My jejo raby i satellity . . .

Ich und du – eine Seele und ein Körper!
Auf ewig bin ich mit dir vereint.
Das hat der Tod so weise eingerichtet,
Wir sind seine Sklaven und seine Satelliten . . .

Während in den ersten drei Versen sehr genau die spezifische Tonlage der Lyrik von Sologub getroffen und imitiert wird, erzielt Gorkij durch das Wort »Satelliten« in der vierten Zeile eine komisch-parodistische Wirkung, die auch die vorausgehenden Verse als modische Salonpoesie erscheinen läßt. Die Behauptung des Dichters, dem Tod wie ein Sklave verfallen zu sein, wird als ein geschicktes literarisches Verfahren betrachtet, um ein in gewissen gesellschaftlichen Kreisen beliebtes Thema »satellitenhaft« zu umkreisen und sich auf diese Weise den aktuellen politischen Auseinandersetzungen der Zeit zu entziehen.

Von den Satiren des Zyklus, die sich nicht auf bestimmte literarische oder kulturelle Zeiterscheinungen beziehen, scheint mir Gorkijs ironische Darstellung des Tolstojanertums am interessantesten zu sein. Gorkij beschränkt sich nämlich ausdrücklich nicht darauf, das Prinzip der Gewaltlosigkeit in allen seinen Konsequenzen aufzuzeigen, sondern schildert zugleich in grotesker Form die hilflose Reaktion der zaristischen Beamten, die keine Veranlassung mehr haben, die Ruhe und Ordnung eines Staates zu verteidigen, dessen Bürger ohnedies auf jede Form des Widerstandes verzichten.

Die letzten drei, wenige Monate vor der Oktoberrevolution entstandenen Texte des Zyklus zeigen allerdings, warum Gorkij trotz seiner starken Abneigung gegen die bürgerliche Kultur und trotz aller Kritik am bürgerlichen Staat eine Übernahme der Macht durch die Bolschewiki für verfrüht und für gefährlich hielt. Als Matrjoscha, der Personifikation des alten, bäuerlichen Rußlands, von dem Vertreter des klassenbewußten Proletariats der Vorschlag gemacht wird, sich mit ihm zu vereinigen, hält sie ihm entgegen, daß sie weder seine Sprache verstehe noch seine Gestalt wahrnehmen könne. Und sie weist ihn darauf hin, daß sie viel zu groß und weiträumig sei, um mit ihm und seinen wenigen Freunden ein Bündnis einzugehen und eine neue gesellschaftliche Ordnung und Kultur zu errichten.

Diese Skepsis gegenüber einer sozialistischen Kulturrevolution, die Gorkij auch nach der Oktoberrevolution in seinen *»Unzeitgemäßen Gedanken über Kultur und Revolution«* mehrfach zum Ausdruck gebracht hat, wird von Demjan Bednyj, dem zweiten wichtigen Vertreter der vorrevolutionären russischen Satire, nicht geteilt. Gerade weil Bednyj auf Grund seiner bäuerlichen Herkunft die sozialen und kulturellen Gegensätze zwischen Stadt und Land sehr genau kannte, unterstützte er schon früh die Politik Lenins und der Bolschewiki und wurde zu einem der wichtigsten literarischen Mitarbeiter der Parteizeitungen *»Swesda«* (Der Stern) und *»Prawda«* (Die Wahrheit). Auch wenn Bednyj schon in seiner vorrevolutionären Lyrik nicht immer der Gefahr entgangen ist, bestimmte Positionen oder Resolutionen der Partei nur noch einmal in poetischer Form zu wiederholen, ist gerade sein Frühwerk für die Entwicklung der russischen Satire im 20. Jahrhundert von zentraler Bedeutung. Denn wie kein anderer Autor hat es Bednyj verstanden, die Tradition der russischen Fabel wiederzubeleben, die im frühen 19. Jahrhundert Iwan Krylow zu einem vorläufigen Abschluß gebracht hatte und die seitdem als eine kaum mehr zu erneuernde literarische Gattung angesehen wurde. Während allerdings Krylow die Geschichte selbst, also den erzählerischen Kern der Fabel, auf Kosten der Moral in den Vordergrund gerückt hatte, war Bednyj gerade umgekehrt in erster Linie an einer klar umrissenen politisch-ideologischen Aussage interessiert. Er greift deshalb immer wieder kurze Meldungen oder Kommentare aus der Tagespresse auf, stellt diese seinen Fabeln als Epigraphe voran, um sie sodann in der Form der Allegorie zu kommentieren und aus seiner Sicht als bewußte oder unbewußte Entstellungen der tatsächlichen politischen Ereignisse oder Zustände zu entlarven. Dieses Verfahren hat allerdings den Nachteil, daß viele seiner Texte, anders als die Fabeln von Krylow, auf einen zusätzlichen historischen Kommentar angewiesen sind, um auch von späteren Lesern oder Zuhörern noch verstanden zu werden. Nicht ohne Grund befürchtete bereits Lenin, daß sich die Mitglieder des russischen Parlaments vermutlich gar nicht angesprochen und betroffen gefühlt hätten, als Bednyj in der folgenden, 1912 entstandenen Tierfabel ihre übergroße Ängstlichkeit und Kompromißbereitschaft gegenüber dem letzten russischen Zaren verspottete.

Die revoltierenden Hasen

Am Hügel dort im Grase
So dreißig, vierzig Hasen,
Die hielten einmal Rat.
– »Das Leben ist so fad!«
– »Das Beste – in die Fluten!«
– »Das Recht erkämpfen wir!«
– »Frei sein oder verbluten!«

Es schwindelte der Kopf vor Kühnheit allen schier.
Da raschelt in der Näh ganz leis ein Hälmlein hier,
Und der zuerst geschrien: »Ich sterbe als ein Freier!«,
Riß aus wie vor dem Geier.
Ihm nach die anderen Hasen.
. . .

Viel sprach man überall vom Hasenvolk, dem dreisten.
Vom Fuchse schon zu schweigen hier,
Zog ein die Schwänze jetzt das ganze Raubgetier –
Der Wolf, jedoch, am allermeisten?!

Zweifellos ist diese unmittelbare und wenig originelle Fortsetzung der klassischen Fabeldichtung heute nur noch von literaturhistorischem Interesse. Jedoch läßt sich nicht bestreiten, daß Bednyj durch diese Erneuerung einer der beliebtesten satirischen Gattungen des 18. und 19. Jahrhunderts sowohl vor als vor allem auch nach der Oktoberrevolution relativ breite Leserschichten angesprochen hat. Wie kein anderer Autor seiner Zeit hat es Demjan Bednyj verstanden, einem literarisch wenig vorgebildeten Publikum die politischen Positionen und Entscheidungen der bolschewistischen Partei in einer schlichten, volkstümlich wirkenden poetischen Sprache zu vermitteln.

Vergleicht man die frühen Verssatiren Majakowskijs mit den satirischen Texten von Gorkij oder Bednyj, so wirken diese ungleich moderner und weniger zeitbezogen. Die Differenz erklärt sich daraus, daß Majakowskij mit seinen Verssatiren ausdrücklich nicht an bereits erprobte und etablierte literarische Formen und Gattungen anzuknüpfen versuchte und in dieser Phase seiner literarischen Entwicklung auch die Aufgabe der literarischen Satire noch nicht darin sah, einzelne konkrete gesellschaftliche Mißstände aufzudecken und zu kritisieren. Seine frühen Verssatiren zeigen vielmehr, wie konsequent Majakowskij darum bemüht war, das poetische Konzept des russischen Kubofuturismus fortzuentwikkeln und zu erweitern, nachdem er das bloße Experimentieren mit ungewohnten Wort- und Satzverbindungen als eine inzwischen bereits abgeschlossene »Laboratoriumsphase« ansah. Die Wendung zur Satire wurde Majakowskij überdies dadurch erleichtert, daß er im Februar 1915 einige Autoren der Zeitschrift »Nowyj Satirikon« persönlich kennenlernte, die ebenfalls eine radikale Erneuerung der poetischen Sprache und des traditionellen Verssystems anstrebten, weil auch sie den ausgeprägten Ästhetizismus des russischen Symbolismus und des russischen Akmeismus nicht länger für zeitgemäß hielten. Auf diese Weise gelang es Majakowski, bis zur Oktoberrevolution im »Nowyj Satirikon« insgesamt 26 kürzere lyrische Texte zu veröffentlichen, die sich allerdings durchaus nicht alle als Satiren im engeren Sinne bezeichnen lassen. Kam es doch Majakowskij in vielen dieser Texte in erster Linie darauf an, die Experimente mit der poetischen Sprache fortzusetzen, die er noch vor dem Ausbruch des Ersten Weltkriegs, zusammen mit Krutschonych und Chlebnikow, begonnen hatte, und die alle drei Autoren in den frühen Manifesten des russischen Kubofuturismus sowohl ästhetisch als auch gesellschaftlich zu begründen versuchten. Majakowskijs satirische Hymnen auf den Richter, den Wissenschaftler, den Kritiker oder den bestechlichen Beamten unterscheiden sich allerdings von den frühen futuristischen Experimenten dadurch, daß in ihnen nicht länger nur bestimmte, als veraltet empfundene literarische Formen und Verfahren in Frage gestellt werden. Vielmehr werden durch sie zugleich die verschiedenen Institutionen der bürgerlichen Gesellschaft attakkiert, die aus Majakowskijs Sicht das Zusammenleben der Individuen erschwerten oder sogar unmöglich machten, weil sie es einer restriktiven Ordnung zu unterwerfen versuchten. Wie direkt allerdings Majakowskij auch noch in seinen frühen satirischen Texten der Ästhetik und Poetik des russischen Futurismus verpflichtet blieb, zeigt seine ironisch-parodistische »Hymne auf den Richter«. Sie ist von Hugo Huppert so adäquat ins Deutsche übertragen worden, daß selbst in der deutschen Version die kühne Metaphorik und Bildlichkeit und der sperrige Versrhythmus erkennbar bleiben, der die satirische Wirkung des Textes nicht beeinträchtigt, sondern eher noch verstärkt.

Hymne auf den Richter

Auf dem Roten Meer rudernd irren
Sträflinge mühvoll in schwerer Galeere.
Ihr Geheul übertäubt das Kettenklirren:
Peru betrauernd ziehen sie ins Leere.

Peruaner schwärmten von Perus Pflanzen,
Tieren, Tänzen, Weibern und Träumen.
Wo über Blumenkränzen Pomeranzen
golden glühten unter Affenbrotbäumen.

Wonnen gabs dort, Ananas und Bananen!
Wein und Nelken würzten süßen Kuchen...
Doch keiner weiß, warum und von wannen
der Richterstand eindrang, das Land heimzusuchen.

Und Vögel und Kränze und Tänze und Frauen
waren plötzlich behängt mit Paragraphen.

Richter-Augen sahen beim Schauen
nicht anders aus als Mülleimer voll Strafen.
...

Vulkane mußten ihr Feuer verbergen,
die Brodel-Essen verlohten;
denn der Richter errichtete in den Bergen,
eine Tafel: »Rauchen verboten!«

Fürs arme Peru bin ich gar kein Dichter,
beschlagnahmt sind dort meine Reime.
»Geistige Getränke«, so belfert der Richter,
»verzapft er, sträflich geheime!«

Der Äquator bebt vom Kettengetöse;
in Peru lebt kein Volk, kein Vogel mehr weiter...
Allein, hinterm Kodex verschanzt, lugt böse
gelangweilt der Paragraphenreiter.

Der Peruaner verdient kein Galeerenruder.
Ich leide mit ihm und finde nicht Ruh.
Die Richter bedrängen den Tanz, diesen Bruder
des Vogels, und mich und euch und Peru.

Majakowskijs *»Hymne auf den Richter«* ist ein besonders überzeugendes Beispiel dafür, daß sich auch satirische Texte nicht immer auf konkrete Erscheinungen der zeitgenössischen Wirklichkeit beziehen müssen. Schon das Gedicht selbst, aber auch seine starken Beziehungen zu den vorrevolutionären Verspoemen Majakowskijs scheinen mir kaum eine allegorische Interpretation nahezulegen, wie sie von der sowjetischen Majakowskij-Forschung immer wieder versucht worden ist. Das von Paragraphen und Richtersprüchen beherrschte Leben in Peru ist nicht als poetische Chiffre für das zaristische, die Revolution erwartende Rußland aufzufassen, sondern symbolisiert eher einen abstrakten exotischen Raum, an dem sich die negativen Folgen jeder menschlichen Ordnung und Zivilisation besonders eindrucksvoll darstellen ließen. Deshalb sind gar nicht die in Peru eingedrungenen »Richter«, die nicht umsonst erst in der dritten Strophe genannt werden, als solche Gegenstand der Satire. Majakowskijs Spott und Verachtung gilt eher einem disziplinierenden und reglementierenden System, dessen Auswirkungen bereits in den ersten beiden Strophen des Gedichts benannt werden. Dabei symbolisieren das »Kettenklirren« und die »Schreie« der Galeerensklaven die Verzweiflung der Bewohner Perus über den Verlust der Freiheit und Ungebundenheit in einem Land, das im russischen Originaltext zugleich als »Heimat« und als »Paradies« apostrophiert wird. Dieser universale Anspruch der Satire wird dann aber vor allem in der 4. Strophe sehr stark betont, in der ausdrücklich darauf hingewiesen wird, daß von den Paragraphen des Strafgesetzbuchs nicht allein die »Peruanerinnen«, sondern ebenso die »Vögel«, »Kränze« und »Tänze« betroffen sind, die – zusammen mit den exotischen Bäumen und Früchten der 2. und 3. Strophe – das ungebundene, nicht durch die menschliche Zivilisation eingeschränkte Leben repräsentieren. Hervorzuheben ist schließlich, daß Majakowskij auch für das eigene dichterische Schaffen dieselbe elementare Freiheit voraussetzt wie er sie zuvor an den feuerspeienden Vulkanen demonstriert hatte. Erst nach der Revolution wird er zumindest den Satiriker auf einen relativ klar umrissenen, wenn auch vom Dichter selbst zu bestimmenden »gesellschaftlichen Auftrag« verpflichten, der es ihm gestatten sollte, aktiv an der Entwicklung der sozialistischen Gesellschaft mitzuwirken.

Gleichwohl kündigt sich bereits in den frühen Verssatiren, ebenso wie in den vorrevolutionären Verspoemen, ein zentrales Thema an, das in den 20er Jahren nicht allein von Majakowskij, sondern auch von verschiedenen anderen russischen Satirikern immer wieder aufgegriffen werden wird: die Diskrepanz zwischen den revolutionären Erwartungen und utopischen Hoffnungen auf eine radikale Veränderung der bestehenden Weltordnung und dem faktischen Zustand einer Gesellschaft, die sich einer so weitgehenden Veränderung der menschlichen Beziehungen beharrlich widersetzt, wobei diese Stagnation von der herrschenden Bürokratie unterstützt wird. Diese Einsicht hat indessen Majakowskij nicht daran gehindert, in seinen späten satirischen Komödien noch einmal ein ähnlich abstraktes Bild einer neuen, von allen alten Zwängen befreiten menschlichen Gesellschaft zu entwerfen, wie es sich bereits in den frühen Verssatiren abzeichnet, die noch ganz von der futuristischen Aversion gegen alle fest etablierten Werte und Ordnungen geprägt sind.

III

Satire als Instrument der politischen Agitation und Propaganda

Die Funktion der satirischen Publizistik während des Bürgerkriegs und in den 20er Jahren. Der Zusammenhang von Text und Bild in den ROSTA-Fenstern. D. Bednyjs und W. Majakowskijs Agitationsgedichte. A. Awertschenkos antibolschewistische Pamphlete.

Majakowskijs Behauptung, die sogenannten ROSTA-Fenster hätten in den ersten Jahren nach der Revolution die satirischen Zeitschriften ersetzt oder weitgehend überflüssig gemacht, ist von der späteren Forschung zu Recht relativiert worden. Denn zumindest bis zum Oktober 1918 wurden von der neu gebildeten Sowjetregierung durchaus noch der Druck und die Verbreitung verschiedener satirischer Periodika, die schon vor der Revolution bestanden hatten, toleriert, obwohl sich deren Mitarbeiter jetzt teilweise sehr direkt gegen die neue Regierung und die von ihr repräsentierte politische und gesellschaftliche Ordnung wandten. Überdies wurden mit dem »*Krasnyj djavol*« (Der rote Teufel), der »*Krasnaja kolokolnja*« (Die rote Glocke) und der »*Gilotina*« (Die Guillotine) zugleich einige neue satirische Zeitschriften gegründet, die eine eindeutige prosowjetische Tendenz aufwiesen und von denen sich Partei und Regierung eine direkte publizistische Unterstützung ihrer Politik versprechen konnten.

Gleichwohl ist Majakowskijs Feststellung aus dem Jahre 1930, mit der er noch einmal die politische und agitatorische Bedeutung der von ihm selbst und einigen anderen Malern und Schriftstellern gemeinsam entworfenen großformatigen Revolutionsplakate hervorzuheben versuchte, nicht ganz unbegründet. Während des Interventions- und Bürgerkriegs waren nicht nur aus politischen Gründen, sondern auch schon wegen des akuten Papiermangels und der immer wieder gestörten Verkehrsverbindungen der Druck und die Verbreitung von

Büchern und Zeitschriften so sehr erschwert, daß auch die satirische Publizistik erst in den 20er Jahren wieder jene Bedeutung erlangte, die sie vor der Oktoberrevolution besessen hatte. Nachdem 1922 die bis heute existierende Zeitschrift *»Das Krokodil«* gegründet worden war, erschienen bis zum Ende der 20er Jahre etwa 200 satirische Zeitschriften, deren Mitarbeiter teilweise ganz direkt an die satirische Publizistik des 18. und 19. Jahrhunderts anzuknüpfen versuchten. Wenn dabei Partei und Regierung, zumindest bis zur endgültigen Übernahme der Macht durch Stalin, diese Tradition einer stark politisch ausgerichteten Satire ausdrücklich unterstützten und förderten, so entsprach diese Haltung durchaus der relativ liberalen Gesamtorientierung der frühen sowjetischen Kulturpolitik. Nicht nur Lenin selbst, sondern auch die direkt für die sowjetische Kulturpolitik verantwortlichen Vertreter der Partei und Regierung hielten die literarische Satire für ein besonders geeignetes Mittel, um die noch bestehenden Mängel und Widersprüche der neuen gesellschaftlichen Ordnung möglichst offen zur Sprache zu bringen und zugleich die allmähliche Herausbildung sozialistischer Lebens- und Bewußtseinsformen zu unterstützen. So werden etwa 1925 – auf dem Höhepunkt der »Neuen Ökonomischen Politik« und der mit ihr verbundenen liberalen Kulturpolitik – den Mitarbeitern des *»Krokodil«* folgende Gegenstände zur satirischen Bearbeitung empfohlen: die alte, vorrevolutionäre Bourgeoisie und die durch die »Neue Ökonomische Politik« wieder einflußreich gewordene Klasse der Unternehmer und Geschäftsleute; die Unzulänglichkeiten und ›bürgerlichen‹ Relikte im Leben und Verhalten der Arbeiterschaft und der bäuerlichen Bevölkerung; die bürokratischen Auswüchse im Partei- und Regierungsapparat; die Lebensbedingungen und die Politik der Parteien und Regierungen im kapitalistischen Ausland.

Zweifellos konnten sich mit diesem Themenkatalog durchaus nicht alle Satiriker der 20er Jahre identifizieren, da er zumindest indirekt eine prinzipielle Kritik an der neu geschaffenen gesellschaftlichen Ordnung und ihren politischen Institutionen und Repräsentanten ausschloß. Jedoch boten die verschiedenen satirischen Zeitschriften so unterschiedlichen Autoren wie Majakowskij, Michail Sostschenko, Walentin Katajew oder Ilja Ilf und Jewgenij Petrow die Möglichkeit, zunächst kürzere satirische Feuilletons, Skizzen oder Pamphlete zu publizieren, bevor sie später ihre sehr viel umfangreicheren und literarisch anspruchsvolleren Komödien, Erzählungen oder Romane verfaßten.

Der satirischen Publizistik wurde allerdings nur im ersten Jahrzehnt nach der Oktoberrevolution ein so großer Spielraum eingeräumt, daß neben dem *»Krokodil«* auch solche Zeitschriften wie der *»Krasnyj peretz«* (Der rote Pfeffer), die *»Puschka«* (Die Kanone) oder die *»Lapot«* (Der Bastschuh) eine große Verbreitung fanden, wobei sich die zuletzt genannte Zeitschrift ausschließlich auf die besonders schwierigen Lebensbedingungen der bäuerlichen Bevölkerung konzentrierte. Nachdem von der Presseabteilung des Zentralkomitees der Partei 1927 der Beschluß gefaßt worden war, die Zahl der satirischen Periodika erheblich einzuschränken, blieben 1932 nur noch drei wichtigere satirische Zeitschriften erhalten, deren Mitarbeiter sich in immer stärkerem Maße an den Prinzipien des sozialistischen Realismus zu orientieren hatten.

Eine so enge Bindung an bestimmte, von der Partei und der Regierung verfügte politische und ästhetische Normen weisen die großformatigen Revolutionsplakate noch nicht auf, die von Majakowskij und einigen anderen Schriftstellern und Malern vom September 1919 bis zum Januar 1922 hergestellt wurden. Zwar waren die staatliche Russische Telegraphenagentur (ROSTA) und die Hauptverwaltung für politische Aufklärung (Glavpolitprosvet) maßgeblich daran beteiligt, daß die in Moskau entworfenen Plakate schon bald nicht nur in den leeren Schaufenstern der Moskauer Geschäfte, sondern auch auf Bahnhöfen, in Agitationszügen und an Agitations- und Sammelpunkten anderer russischer Städte ausgestellt wurden. Die ursprüngliche Idee aber, die Bevölkerung durch knapp kommentierte Bildergeschichten über die Lage an den verschiedenen Fronten des Bürgerkriegs zu informieren und sie zur materiellen und ideellen Unterstützung der Roten Armee aufzufordern, scheint zunächst nicht von der Partei und der Regierung ausgegangen zu sein. Vielmehr betrachteten Majakowskij und die übrigen Maler und Schriftsteller das Revolutionsplakat als ein besonders geeignetes Medium, um die immer noch bestehende Kluft zwischen Kunst und Leben aufzuheben oder zu verringern und ihre künstlerische Praxis unmittelbar in den Dienst der Revolution und der neu gebildeten sowjetischen Regierung zu stellen.

Auch wenn die Verbreitung der ROSTA-Fenster relativ beschränkt blieb, da die jeweilige Vorlage nicht gedruckt, sondern in höchstens 1500 Exemplaren vervielfältigt wurde, ist dieses Ziel weitgehend erreicht worden. Die aktuellen Nachrichten von den verschiedenen Fronten des Interventions- und Bürgerkriegs bzw. die verschiedenen Aufrufe von Partei und Regierung zum Wiederaufbau des Landes wurden so phantasievoll und suggestiv verkürzt und illustriert, daß die holzschnittartigen Bilder und volkstümlichen Bildunterschriften auch heute noch eine starke ästhetische Wirkung zu erzielen vermögen. Das gilt insbesondere für die ROSTA-Fenster, die im engeren Sinne als satirische zu klassifizieren sind. Auf ihnen werden die innen- und außenpolitischen Gegner der Revolution und der sowjetischen Regierung in so stark stilisierter, maskenhafter Form dargestellt, daß die dominierende agitatorische bzw. propagandistische Funktion der Bilder und Texte den stark ausgeprägten komisch-grotesken, karikaturhaften Stil der Darstellung nicht beeinträchtigt, sondern eher noch verstärkt. So werden etwa die Vertreter der kapitalistischen Welt, der Interventionsmächte oder die Repräsentanten des nationalrussischen Widerstands (insbesondere die zaristischen Generäle) mit einigen wenigen markanten, immer wiederkehrenden Kennzeichen ausgestattet, durch die hinter der individuellen Figur immer auch die von ihr vertretene politische Position erkennbar bleibt. Diese Technik erleichterte auch dem literarisch und politisch noch wenig vorgebildeten und informierten Leser und Betrachter das Verständnis der aktuellen politischen und militärischen Auseinandersetzungen und trug dazu bei, daß sich die satirische Entlarvung nicht auf die bloße Invektive gegen einzelne individuelle politische Gegner oder militärische Feinde reduzierte. Mit seinen sehr prägnanten, Motive und rhythmische Figuren der russischen Volksdichtung aufgreifenden, aber nicht einfach imitierenden Versen sorgte Majakowskij außerdem dafür, daß sich die Texte nicht in der bloßen Kommentierung der verschiedenen Bildergeschichten erschöpften. Vielmehr ergab sich die satirische und agitatorische Wirkung zuallererst aus der wechselseitigen Beziehung zwischen den literarischen Texten und den mit leuchtenden Farben kolorierten Zeichnungen.

Dieses komplizierte Wechselverhältnis von Text und Bild läßt sich besonders deutlich an einem ROSTA-Fenster ablesen, das von Majakowskij im November 1920 entworfen wurde und das unter dem Titel *»Das nahe Ende einer unzüchtigen Dame«* die verschiedenen Bemühungen der Entente-Mächte persifliert, in Rußland selbst Verbündete zu finden, um den Sturz der Sowjetregierung herbeizuführen. Die komische und zugleich satirische Wirkung dieses Plakats ergibt sich nicht allein aus der Parallelisierung der Entente mit einer »unzüchtigen Dame«, sondern zugleich aus der Diskrepanz zwischen den einzelnen Bildern und ihren jeweiligen Untertiteln. So entspricht etwa schon der dem ersten Bild unterlegte Vers: »Schönes Mädchen, warum so gedankenvoll« in keiner Weise der mit dem obligatorischen Zylinder versehenen Karikatur des drei dicke Tränen vergießenden Kapitalisten. Denn

Das nahe Ende einer unzüchtigen Dame

1. Schönes Mädchen, warum so gedankenvoll?
2. Darf ich den Herzenskummer erfahren?
3. Den Baron von Wrangel habe ich vergeblich umworben.
4. Mein Gott, um wen soll ich jetzt wohl werben?
5. Den bezaubernden Savinkov könnte ich umwerben.
6. Das Herz von Petljura einnehmen?
7. Wenn doch nicht beide verschütt gegangen wären!
8. Mein Gott, um wen soll ich jetzt wohl werben?
9. Geben Sie's auf, Madame, Sie haben mehr als genug Mächte umworben!

Wär's Ihnen nicht recht, die Sowjetmacht anzuerkennen?

dieser ist inzwischen von dem Baron von Wrangel ebenso abgewiesen worden wie von Petljura, dem Anführer der Separatisten in der Ukraine, und von Sawinkow, der für einen Putsch der linken Sozialrevolutionäre gegen die bolschewistisch dominierte sowjetische Regierung verantwortlich gemacht wurde. Gerade durch den scharfen Kontrast zwischen den Bildern und ihren Untertiteln erzielt Majakowskij einen komischen Effekt, der noch dadurch gesteigert wird, daß die unterlegte Verszeile ein bekanntes russisches Volkslied parodiert. Auf diese Weise ergibt sich die satirische Wirkung der Bildergeschichte sowohl aus der starken Diskrepanz von Text und Bild als auch aus der parodistischen Verfremdung der literarischen Vorlage und gipfelt in der ironischen Aufforderung an die die Entente-Mächte symbolisierende »Madame«, ihr Liebeswerben endlich einzustellen, um statt dessen die Sowjetmacht anzuerkennen.

Wie beliebt während des Interventions- und Bürgerkriegs die parodistische Verarbeitung relativ gut bekannter literarischer Formen und Gattungen war, zeigt aber vielleicht noch deutlicher eine der berühmtesten Verssatiren von Demjan Bednyj: *Das Manifest des Barons von Wrangel*. Dieser Text, der im Oktober 1920 an der Front verfaßt und sofort nach seiner Fertigstellung in Form eines Flugblatts unter den Soldaten der Roten Armee verbreitet wurde, stellt eine sehr gelungene, ebenso witzige wie agitatorisch wirkungsvolle Sprachsatire dar. Denn Bednyj machte sich bei der Formulierung seines parodistischen Manifests die Tatsache zunutze, daß der zaristische General von Wrangel dem russifizierten Zweig einer baltisch-schwedischen Familie entstammte. Der auf dem Flugblatt noch zusätzlich mit dem russischen Adler versehene Aufruf des Barons basiert dementsprechend auf der komischen Mischung deutscher und russischer Wörter und Satzverbindungen, die sich auch durch eine noch so gelungene deutsche Übersetzung nicht adäquat wiedergeben läßt. Deshalb werden im folgenden die ersten Stro-

МАНИФЕСТ

барона фон-ВРАНГЕЛЯ

Ихь фанге ан. Я нашинаю.
Эс ист для всех советских мест,
Для русский люд из краю в краю
Баронский унзер манифест.
    Вам мой фамилий всем известный:
    Ихь бин фон-Врангель, герр барон.
    Я самый лючший, самый шестный
    Есть кандидат на царский трон.
Послюшай, красные зольдатен:
Зашем ви бьетесь на меня?
Правительств мой—все демократен,
А не какой нибудь звиня.
    Часы с поломанной пружина—
    Есть власть советский такова.
    Какой рабочий от машина
    Имеет умный голова?
Какой мужик, разлючный с полем,
Валяйт не будет дурака?
У них мозги с таким мозолем,
Как их мозолистый рука!
    Мит клейнем, глюпеньким умишком
    Всех зогенаннтен простофиль
    Иметь за власть?! Пфуй, это слишком.
    Ихь шпрехе: пфуй, дас ист цу филь!
Без благородного сословий
Историй русский—круглый нуль.
Шлехьт! не карош порядки новий!
Вас Ленин ошень обмануль!
    Ви должен верить мне, барону.
    Мой слово—твердый есть скала.
    Мейн копф ждет царскую корону,
    Двухглавый адлер—мой орла.
Святая Русслянд... гейлих эрде...
Зи лигт им штербен, мой земля.
Я с белый конь... фом вейсе пферде...
Сойду цум альтен стен кремля.
    И я скажу всему канальству:
    —„Мейн фольк, не надо грабежи!
    Слюжите старому начальству.
    Вложите в ножницы ножи!"
Вам будут слезы ошень литься:
—„Порядок старый караша!"
Ви в кирхен будете молиться
За мейне руссише душа
    Ви будет жить благополучно
    И цоловать мне сапога.
    Гут!
    „Подписал собственноручно"
        Вильгельма—кейзера слуга.
Барон фон-Врангель, бестолковой
Антантой признанный на треть:
—„Сдавайтесь мне на шестный слово.
А там... мы будем посмотреть!!"

Южный фронт.
5 октября 1920 г.

Баронскую штучку списал и опубликовал
Демьян Бедный.

Das Manifest des Barons von Wrangel

phen des Manifests zunächst im russisch-deutschen Originaltext und dann erst in der deutschen Übersetzung zitiert:

Manifest Barona fon Vrangelja

Ich fange an. Ja naschinaju.
Es ist dlja wsech sowjetskich mest,
Dlja russkij ljud is kraju w kraju
Baronskij unser manifest.

Wam moj familij wsem isvestnyj:
Ich bin von Vrangel, gerr baron.
Ja samyj ljutschij, samy tschestnyj
Jest kandidat na zarskij tron.

Posljuschaj, krasnye soldaten:
saschem wi bjotes na menja?
Prawitelstw moj – wse demokraten,
A ne kakoj-nibud swinja.

...
Mit kleinem, gljupenkom umischkom
Wsech so genannten prostofil
Imet sa wlast?! Pfuj, eto slischkom!
Ich spreche: Pfuj, das ist zu viel!

Das Manifest des Barons von Wrangel

Ich fange an, äh, ich beginne.
Vernehmt in jedem Sowjetnest
das für das Volk in unserem Sinne
verfaßte -UNSER- Manifest.

Mein Name, euch ein Wohlgefallen:
von Wrangel, äh, ich bin Baron
und als der edelste von allen,
geeignet für den Zarenthron.

Mal herhörn, rote -äh- Soldaten.
Weshalb bekämpft ihr mich? Seht, meine
Regierung kennt nur Demokraten –
und keine hergelaufnen Schweine.

...
Die Einfaltspinsel, Geistesschwachen
wolln an die Macht. Ein Narrenspiel!
Es ist, pfui Teufel, nicht zum Lachen.
Ich sage pfui, das ist zuviel!

Durch die umständliche und unsinnige Sprachmischung, aber auch durch eine Fülle von orthographischen und grammatischen Fehlern wird der Eindruck hervorgerufen, daß von Wrangel nicht einmal die russische Sprache beherrsche. Damit wird aber gleichzeitig auch sein Anspruch, das wahre Rußland zu repräsentieren, als unbegründete Anmaßung entlarvt und ad absurdum geführt. Die Behauptung des Barons, daß weder die Arbeiter noch die Bauern in der Lage seien, das Land zu regieren, fällt auf den Verfasser des Manifests selbst zurück, den Bednyj in seinem parodistischen Text nicht zuletzt auch als schlechten Versdichter verspottet.

Im Vergleich zu dem thematisch verwandten ROSTA-Fenster von Majakowskij, auf dem mit vier knapp kommentierten Bildern die endgültige Niederlage des Barons von Wrangel und der von ihm geführten Truppen vorausgesagt wird, wirkt allerdings Bednyjs parodistischer Text eher umständlich und langatmig. Denn da sich Bednyj, ebenso wie in seinen Fabeln, auch in dieser Verssatire sehr stark an der Lyriktradition des 19. Jahrhunderts orientiert, durchschaut der Leser schon nach wenigen Versen die Diskrepanz zwischen dem politischen Anspruch des Barons und seiner Unfähigkeit, seine Forderungen und Versprechungen in einer angemessenen sprachlichen Form zum Ausdruck zu bringen. Der militärische Gegner der Sowjetmacht erscheint auf diese Weise als eine eher lächerliche Figur, dem die durch die Oktoberrevolution bewirkten politischen Veränderungen weitgehend entgangen sind, weil er – als Verbündeter der französischen Regierung sowie wegen seiner Abstammung – den unmittelbaren Kontakt mit der russischen Bevölkerung und ihrer Sprache längst verloren hat.

Sowohl die ROSTA-Fenster als auch die frühen Agitationsgedichte von Demjan Bednyj, Majakowskij und vielen anderen Autoren bezogen sich zwangsläufig in erster Linie auf den Interventions- und Bürgerkrieg. Jedoch hat vor allem Majakowskij schon früh gesehen, daß sich auch die prosowjetische Satire nicht auf die Auseinandersetzung mit den militärischen und politischen Gegnern der Sowjetmacht beschränken dürfe. Sie müsse vielmehr ebenso kritisch die Personen, Institutionen und Lebensverhältnisse schildern, die im eigenen Land die Herausbildung neuer persönlicher Beziehungen und gesellschaftlicher Verhältnisse erschwerten oder verhinderten. Nachdem Majakowskij bereits in einem ROSTA-Fenster vom November 1920 die revolutionäre Initiative der Arbeiterschaft dem bürokratischen Machtmißbrauch gegenübergestellt hatte, verfaßte er im Frühjahr 1921, also unmittelbar nach der endgültigen Beendigung des Interventions- und Bürgerkriegs, das programmatische satirische Gedicht »*O drjani*« (Über den Schmutz). In ihm werden in ebenso witziger wie aggressiver Form die egoistischen Interessen und kleinbürgerlichen Verhaltensweisen von Mitbürgern attackiert, deren positive Einstellung zur Revolution sich darin erschöpfe, daß sie sich in rotem Rahmen ein Porträt von Marx an die Wand hängten, während sie sich im übrigen an dem behaglichen Schnurren des Hauskaters und dem melodischen Gezwitscher des Kanarienvogels erfreuten. Diese sarkastische Abrechnung mit dem offenbar gerade auch unter den Parteimitgliedern weit verbreiteten Spießertum (meschtschanstvo) wird ein Jahr später in der berühmten Verssatire »*Prosasedawschijesja*« (Die auf die Sitzungen Versessenen) fortgeführt, in der Majakowskij in noch stärker hyperbolisierter Form die gefährlichen Konsequenzen darzustellen versucht, die sich aus der zunehmenden Bürokratisierung des Partei- und Regierungsapparats ergaben. Nachdem das satirische Subjekt bereits einen ganzen Tag damit verbracht hat, von einem der zahllosen Bürokraten zu einer »Audienz« vorgelassen zu werden und dabei feststellt, daß sich die Beamten des neuen Staates auf immer wieder neuen Sitzungen befinden, um die unsinnigsten Projekte zu diskutieren, entschließt es sich schließlich, in einen der vielen Sitzungsräume einzudringen:

»Wie wahnsinnig
stürze ich wie eine Lawine
in die Sitzung, unterwegs
wilde Flüche ausstoßend.
Und ich sehe:
Da sitzen nur Menschenhälften.
O Teufelsspuk!
Wo ist die andere Hälfte?
›Ermordet!
Getötet!‹
Schreiend werfe ich mich hin und her.
Von dem furchtbaren Bild ist der Verstand
übergeschnappt.
Und ich höre
die seelenruhige Stimme des Sekretärs:
›Sie sind auf zwei Sitzungen gleichzeitig.
An einem Tag
müssen wir bis zu zwanzig
Sitzungen absolvieren.
Notgedrungen muß man sich spalten.
Bis zum Gürtel hier
und das übrige
dort.‹«

Mit dieser Satire, die im März 1922 in der Regierungszeitung *»Izwestija«* veröffentlicht wurde, verfolgt zwar Majakowskij ebenfalls noch ein eindeutiges propagandistisches Ziel, das in einer knappen Schlußsequenz ausdrücklich benannt wird. Jedoch läßt insbesondere die »seelenruhige« Erklärung des Sekretärs über die unumgängliche Zweiteilung der Bürokraten erkennen, daß sich der Dichter Majakowskij durchaus der Tatsache bewußt war, daß die erhoffte Entbürokratisierung des Sowjetstaats und seiner Institutionen und Verwaltungen bei den betroffenen Beamten auf erhebliche Widerstände stoßen werde. Denn sie verhalten sich im ersten Teil des Gedichts nicht umsonst wie die Vertreter des alten zaristischen Beamtenapparats. Die Abschaffung aller Sitzungen wird in den letzten Verszeilen ausdrücklich nur als Wunschtraum des lyrischen Ich formuliert, dem die faktische Realität noch in keiner Weise entspricht.

Im Vergleich zu Majakowskijs vorrevolutionärer *»Hymne auf den Richter«* wird hier bereits ein sehr viel konkreteres Bild der Bürokratie und ihrer bis ins Absurde gesteigerten Ausdrucksformen entworfen. Indessen lassen die realisierten Metaphern und die stark hyperbolisierten Bilder und Vergleiche erkennen, daß es Majakowskij auch in dieser Verssatire noch vornehmlich auf eine generelle Abrechnung mit allen Erscheinungen des Bürokratismus ankam, die er, ebenso wie Lenin, für eine ähnlich schwerwiegende Bedrohung des Sowjetstaats hielt wie die militärische Bedrohung durch die zaristischen Generäle und die sie unterstützenden Interventionsmächte. Majakowskijs uneingeschränktes Bekenntnis zur Oktoberrevolution und seine aktive Unterstützung der Bolschewiki hat ihn auch in dieser Zeit nicht daran gehindert, die futuristische Bearbeitung der poetischen Sprache und die Veränderung des traditionellen Verssystems fortzusetzen. Und die direkte Unterstützung der Roten Armee, wie sie insbesondere in den ROSTA-Fenstern zum Ausdruck kommt, stand für Majakowskij nicht im Widerspruch zur satirischen Entlarvung der sowjetischen Bürokratie, wobei um diese Zeit auch von Partei und Regierung eine solche schonungslose Kritik noch ausdrücklich unterstützt oder zumindest toleriert wurde.

Allerdings zeigt das Schicksal des Schriftstellers und Publizisten Arkadij Awertschenko, daß den Satirikern auch unmittelbar nach der Revolution nicht ein unbegrenzter Spielraum eingeräumt wurde. Nachdem die sowjetische Regierung bereits 1918 die satirische Zeitschrift *»Novyj Satirikon«* verboten hatte, in der noch wenige Jahre zuvor Majakowskijs frühe satirische Hymnen auf die bürgerliche Gesellschaft erschienen waren, floh Awertschenko auf die Krim und dann über Konstantinopel nach Prag, um in der Emigration seine literarische Tätigkeit fortzusetzen. Unter dem provozierenden Titel *»Ein Dutzend Messer in den Rücken der Revolution« (Djužina* *nožej v spinu revoljucii)* veröffentlichte er 1921 in Paris 12 satirische Texte, in denen er sarkastisch die materiellen und kulturellen Auswirkungen der Revolution und der Parteidiktatur auf das Leben der Bevölkerung schildert und außerdem die beiden wichtigsten Vertreter von Partei und Regierung, Lenin und Trotzkij, als ein zänkisches Ehepaar verspottet, dessen Privatleben ausschließlich von Eifersucht und Konkurrenzneid bestimmt ist. Obwohl sich Lenin dafür aussprach, zumindest einige dieser Texte auch in Rußland zu veröffentlichen, sind diese frühen satirischen Pamphlete bis heute nicht in der Sowjetunion publiziert worden. Dabei läßt sich gerade an diesen, literarisch insgesamt nicht sehr bedeutenden Skizzen und Feuilletons ablesen, wie auch von den Gegnern der Revolution und des Sowjetsystems die literarische Satire zu dieser Zeit vornehmlich als ein besonders wirkungsvolles Instrument der politischen Agitation und Propaganda eingesetzt wurde. Diese Spielart der politischen Satire ist zwar in den verschiedenen satirischen Zeitschriften der 20er Jahre fortgesetzt und weiterentwickelt worden. Jedoch gewinnen nach dem Ende des Interventions- und Bürgerkriegs jene Satiriker an Bedeutung und an Einfluß, die eine so enge Bindung an die politische Publizistik nicht länger für erforderlich oder sogar für gefährlich hielten. Damit wird aber auch das Spektrum der Themen und Angriffsobjekte der Satire erheblich breiter und differenzierter. Neben die Verssatire, das Feuilleton und das Pamphlet treten die Erzählung, der Roman und die Komödie. Ließ sich doch in diesen umfangreicheren und komplexeren satirischen Formen und Gattungen ein universaleres und literarisch anspruchsvolleres Bild der nachrevolutionären Gesellschaft und ihrer Entwicklungstendenzen vermitteln.

IV

Die komisch-satirische Kurzgeschichte

Die Konsequenzen der »Neuen Ökonomischen Politik« für die Entwicklung der russischen Satire der 20er Jahre. Das politische und ästhetische Programm der »Serapionsbrüder« und die Sonderstellung von M. Sostschenko. Die Eigenart und Funktion des sogenannten skas-Stils in den Erzählungen *»Die Aristokratin«* und *»Hier wohnt Puschkin«*.

Die auf dem 10. Parteitag im März 1921 beschlossene Einführung der »Neuen Ökonomischen Politik« hat die Entwicklung der russischen Satire nach dem Ende des Interventions- und Bürgerkriegs in doppelter Weise beeinflußt. Einerseits sahen sich Partei und Regierung dazu veranlaßt, den Einfluß und die Kontrolle des Staates nicht nur im politisch-ökonomischen Bereich, sondern auch auf dem Gebiet der Kultur stark zurückzunehmen, so daß nicht länger nur solche Satiriker unterstützt oder zumindest toleriert wurden, die sich, wie etwa Majakowskij oder Demjan Bednyj, vorbehaltlos mit der Revolution und der neuen Regierung identifizierten. Zum anderen traten durch die neue Wirtschaftspolitik die politischen, gesellschaftlichen und kulturellen Widersprüche und Schwierigkeiten offen zutage, die während des Bürgerkriegs noch teilweise verdeckt geblieben waren, womit sich auch der Gegenstandsbereich der Satire erheblich erweiterte.

Nachdem sich nicht nur auf dem Lande, sondern erst recht in den Städten in weiten Bereichen der Volkswirtschaft wieder kapitalistische Marktbeziehungen herauszubilden begannen, zeigte sich immer deutlicher, daß sich die weitreichenden Zielsetzungen der Revolution erst auf Umwegen und unter größten Schwierigkeiten und Opfern in die Praxis würden umsetzen lassen. Die »Neue Ökonomische Politik« und der Aufbau des Sozialismus in einem ökonomisch und kulturell so zurückgebliebenen Land wie Rußland setzten bei der Partei und der Regierung, vor allem aber auch bei der Bevölkerung ein Höchstmaß an Geduld und Kompromißbereitschaft voraus. Der direkte Übergang zum Sozialismus hatte sich als Fehlschlag erwiesen und sogar die allmähliche Beseitigung der durch den Kapitalismus bedingten Ungleichheit schien zunächst vertagt zu sein. »Das Ganze muß so organisiert werden«, stellte Lenin im Herbst 1921 unumwunden fest, »daß der gewohnte Ablauf der kapitalistischen Wirtschaft und des kapitalistischen Umsatzes möglich ist, denn das braucht das Volk, sonst kann es nicht leben.«

Zwar blieb fast die gesamte große und mittlere Industrie, das Verkehrswesen, der Außenhandel und das Bank- und Kreditsystem dem direkten Einfluß des Staates und der Regierung unterstellt. Doch änderte diese Tatsache nichts daran, daß sich durch die weitgehende, von der ökonomischen Krise erzwungene Reprivatisierung der Wirtschaft die innenpolitischen Spannungen und Gegensätze zwischen den verschiedenen gesellschaftlichen Klassen und Gruppen noch erheblich verschärften und die Geschäftsleute und die Beamten der staatlichen Behörden und Institutionen einen immer größeren Einfluß gewannen.

Die starke Diskrepanz zwischen den offiziellen Proklamationen und Versprechungen der Partei, einer eher pragmatischen und inkonsequenten Wirtschafts- und Sozialpolitik der Regierung und den außerordentlich schwierigen materiellen und kulturellen Lebensbedingungen der Bevölkerung hat nun aber gerade die Satiriker immer wieder dazu veranlaßt, ein möglichst ungeschminktes Bild jener Übergangsgesellschaft zu zeichnen, deren tatsächliche Verfassung noch weit hinter den öffentlich propagierten Zielen und Zukunftsprojektionen zurückblieb. Dabei rückten schon bald zwei Themen- und Problemkomplexe in den Vordergrund, die die Satiriker, ungeachtet aller politischen und ideologischen Gegensätze, immer wieder aufgriffen, sofern sie sich nicht auf die kritische Darstellung der westlichen, kapitalistischen Welt beschränkten: die zunehmende Bürokratisierung des Partei- und Staatsapparats sowie die Ausbreitung des sogenannten »mestschanstwo« im Sinne eines egoistisch-kleinbürgerlichen, spießerhaften Denkens und Verhaltens. Diese kleinbürgerlich-engstirnige Einstellung zur Politik und zum öffentlichen Leben überhaupt hatte sich nach dem Ende des Interventions- und Bürgerkriegs eher noch verstärkt. Denn die Bevölkerung interessierte sich verständlicherweise sehr viel stärker für die Verbesserung ihrer eigenen Lebensbedingungen als für die allmähliche Herausbildung sozialistischer Lebens- und Bewußtseinsformen.

Obwohl sich gerade auch Majakowskij bis zu seinen späten Komödien immer wieder mit diesen beiden Problembereichen beschäftigte, trat seit dem Beginn der 20er Jahre mit Michail Sostschenko zunächst ein anderer Satiriker in den Vordergrund, der in seinen kurzen Skizzen, Erzählungen und Feuilletons bewußt darauf verzichtete, die satirische Darstellung der zeitgenössischen gesellschaftlichen Wirklichkeit mit einem klaren Bekenntnis zu den Zielen der Revolution und der neuen Regierung zu verbinden. Denn obgleich sich Sostschenko während des Bürgerkriegs für den freiwilligen Dienst bei der Roten Armee entschieden hatte und auch später der Übernahme der Macht durch die Bolschewiki nicht ablehnend gegenüberstand, lehnte er als Schriftsteller jede direkte Bindung an eine bestimmte politisch oder ideologisch festgelegte Gruppierung ausdrücklich ab. Schon 1921 wurde er zu einem der wichtigsten Gründungsmitglieder der literarischen Vereinigung »Die Serapionsbrüder«, die unter Berufung auf E. T. A. Hoffmann und die idealistische Kunsttheorie der deutschen Romantik die absolute Freiheit der Kunst und des Künstlers propagierte. Ähnlich wie die russischen Formalisten bestanden auch die »Serapionsbrüder« darauf, daß das literarische Werk nicht bestimmte ideologische oder gar propagandistische Aufgaben zu erfüllen habe. Sein literarischer Wert ergebe sich vielmehr aus einer möglichst originellen Kombination der unterschiedlichsten literarischen Verfahren und Techniken, die den Autoren ebensowenig vorzuschreiben seien wie bestimmte Themen oder außerliterarische Zielsetzungen. Denn nur unter dieser Bedingung bleibe die dominierende ästhetische Funktion der Literatur gewahrt, durch die sie sich prinzipiell von allen übrigen Formen der zwischenmenschlichen Kommunikation unterscheide.

Dieses ästhetische und politische Programm, das die »Serapionsbrüder« gegenüber anderen literarischen Gruppierungen und gegenüber der marxistischen Literaturkritik zu verteidigen suchten, wurde von Sostschenko 1922 in seinem Essay *»Über mich, über Ideologie und über zwei oder drei andere Dinge«* folgendermaßen formuliert:

> »Aus der Sicht der Parteileute bin ich ein prinzipienloser Mensch. Meinetwegen. Ich sage über mich selbst: Ich bin kein Kommunist, kein Sozialrevolutionär, kein Monarchist, ich bin einfach ein Russe. Und noch dazu politisch unzuverlässig. Ich empfinde für niemanden Haß – das ist meine genaue Ideologie. Ja, und noch genauer? Im Hinblick auf ihre allgemeine Ausrichtung stehen mir die Bolschewiki am nächsten. Und ich bin gern bereit, mit ihnen ein wenig zu bolschewiken«.

Nicht zuletzt dieser ideologischen Offenheit ist es wohl zuzuschreiben, daß Sostschenko schon in den 20er Jahren zu einem der beliebtesten und anerkanntesten Humoristen und Satiriker wurde, dessen kurze Skizzen und Erzählungen zunächst in verschiedenen satirischen Zeitschriften veröffentlicht, bald darauf aber auch in mehreren Einzelausgaben zusammengefaßt wurden. Mit seinen ebenso präzisen wie witzigen Schilderungen der Alltagswelt gelang es Sostschenko besser als allen anderen »Serapionsbrüdern«, einen neuen Typus der sowjetischen Satire zu entwickeln, der sich von der agitatorisch-propagandistisch ausgerichteten Satire der Bürgerkriegszeit kategorial unterschied. Zumindest in seinen kürzeren Erzähltexten beschränkte sich Sostschenko ganz bewußt darauf, die Auswirkungen der neuen gesellschaftlichen

Ordnung und die Konsequenzen der »Neuen Ökonomischen Politik« auf das alltägliche Leben der Bevölkerung in allen Einzelheiten festzuhalten. Aber gerade diese subtilen Schilderungen der Alltagswelt legten den Schluß nahe, daß die Revolution das Denken und Verhalten des einfachen Bürgers noch kaum berührt und schon gar nicht verändert hatte. Sostschenko porträtiert in seinen handlungsarmen, häufig anekdotenhaften Kurzgeschichten vornehmlich Mitbürger, die den Idealen der Revolution und den gesellschaftsverändernden Zielsetzungen der Partei und Regierung eher gleichgültig oder ablehnend gegenüberstanden, weil sie sich vor allem dafür interessierten, aus der »Neuen Ökonomischen Politik« persönliche Vorteile zu ziehen. Deshalb konzentriert er sich entweder auf die Darstellung allgemein verbreiteter menschlicher Schwächen wie die Unwissenheit, den Egoismus oder die Unbildung und Borniertheit, die das Zusammenleben der Menschen zugleich bestimmen und belasten. Oder er schildert in satirisch-humoristischer Form allgemein verbreitete Mangelerscheinungen der sowjetischen Alltagswelt wie die Wohnungsnot, die vielfältigen Privilegien der Ausländer, die Schwerfälligkeit der Behörden, die Bestechlichkeit der Beamten oder die unzureichende Verteilung und Qualität des einheimischen Warenangebots.

Allerdings läßt sich die große Resonanz und die fortbestehende Wirkung von Sostschenkos komisch-satirischen Kurzgeschichten nur zum Teil daraus erklären, daß seine ironisch-witzigen, nur selten bösartig-bitteren Schilderungen der sowjetischen Alltagswelt meist sehr direkt mit den eigenen Lebenserfahrungen seiner Leser zu vermitteln waren. Es kommt hinzu, daß Sostschenko mit dem sogenannten skas-Stil eine Erzähl- und Schreibweise wieder zu aktualisieren verstand, die schon in der russischen Literatur des 19. Jahrhunderts – insbesondere bei Gogol und Leskow – eine zentrale Rolle gespielt hatte. Dieser an der spontanen mündlichen Rede ausgerichtete Erzählstil wird von Sostschenko dazu verwendet, die Sprache des halbgebildeten, aber häufig gerade deshalb äußerst ambitionierten städtischen Kleinbürgers gleichzeitig nachzuahmen und zu parodieren. Da dem Leser das typische Denken und Verhalten des sowjetischen Kleinbürgers nicht allein in den dialogischen Partien der Erzählungen, sondern auch durch die Sprache des Erzählers vermittelt wird, erzielt Sostschenko bereits durch die ungewohnte, der literarischen Norm widersprechende Lexik, Grammatik und Syntax eine komische oder zumindest stark distanzierende Wirkung. Da es ihm darauf ankam, zugleich die einfältigen oder bornierten Vorstellungen seiner Helden und den offiziell propagierten Fortschrittsoptimismus zu verspotten, basiert auch die Rede- bzw. Erzählweise seiner Erzähler auf einer kunstvoll elaborierten Sprachmischung, die sich nicht allein aus Elementen mündlicher Rede und Professionalismen aller Art zusammensetzt, sondern zugleich Sowjetismen, mehr oder weniger in den Kontext hineinpassende Fremdwörter sowie literarische Reminiszenzen und Anspielungen verschiedenster Art enthält. Dabei wird der Leser häufig nicht nur durch die persönlich-familiäre Erzählweise, sondern auch durch direkte Anreden in den Erzählvorgang miteinbezogen; gleichzeitig aber wird er durch die verschiedensten sprachlichen Signale immer wieder darauf hingewiesen, daß die Aussagen und vor allem die Bewertungen des Erzählers nicht ohne weiteres mit den Auffassungen des Autors gleichzusetzen sind. Der Erzähler fungiert im skas-Stil in der Regel nur als ein Sprachrohr, durch das die verschiedensten, dem Autor selbst durchaus fremden oder sogar unangenehmen Sprach- und Bewußtseinsformen zu Worte kommen.

In einer gerade in stilistischer Hinsicht besonders aufschlußreichen Erzählung von Sostschenko, der *»Aristokratin« (Aristokratka)* aus dem Jahr 1923, ist diese Differenz zwischen dem Autor und dem Ich-Erzähler besonders deutlich markiert. Sostschenko setzt hier den Hausmeister Grigorij Iwanowitsch selbst als Ich-Erzähler ein und läßt ihn von seinem mißlungenen Versuch erzählen, eine sozial über ihm stehende und an bestimmte typisch bürgerliche Konventionen und Bedürfnisse gewöhnte Dame in die Oper einzuladen, um auf diese Weise ihre Sympathie und Zuneigung zu gewinnen. Noch die deutsche Übersetzung läßt erkennen, wie stark der kunstvoll zusammengesetzte skas-Stil die komisch-satirische Wirkung des Textes mitbestimmt bzw. erst ermöglicht. Der Bericht von Grigorij Iwanowitsch beginnt mit den folgenden Sätzen, in denen die spezifische Eigenart des Erzählens zugleich den beschränkten geistigen Horizont, die begrenzten sprachlichen Möglichkeiten und das gutmütig-naive Wesen eines Mannes hervortreten läßt, der eine der ihm angeblich so verhaßten »Aristokratinnen« zu gewinnen versucht.

Die Aristokratin

Brüderchen, ich kann Weiber mit Hüten nicht ausstehen! Hat so ein Weibsbild einen Hut auf und seidene Florstrümpfchen an den Beinen oder womöglich einen Mops im Arm und einen Goldzahn im Munde – dann ist solch eine Aristokratin überhaupt keine Frau, sondern einfach Luft für mich!

Seinerzeit habe ich mich natürlich von so einer Aristokratin bezaubern lassen. Ich ging mit ihr spazieren und führte sie ins Theater. In demselben Theater aber war auch alles aus.

Im Theater hat sie ihre ganze Weltanschauung enthüllt.

Zum erstenmal begegnet bin ich ihr auf dem Hof unseres Hauses. Auf einer Mieterversammlung. Ich schaue – steht da so eine beachtenswerte Person. Mit Seidenstrümpfen und Goldzahn im Mund.

»Woher« – sage ich –, »Genossin? Aus welcher Wohnung?«

»Ich« – sagt sie – »wohne in Nr. 7.«

»Bitte schön« – sage ich – »wohnen Sie nur weiter dort!«

Und mit einemal hat sie mir ganz schrecklich gefallen. Ich begann zu ihr zu gehen. In Nr. 7. Zuerst ging ich zu ihr in dienstlicher Eigenschaft. Sozusagen: »Wie stehts, Genossin, mit der Wasserleitung und dem Klosett? Funktionieren sie?«

»Ja!« – antwortet sie. »Es funktioniert alles!« Und weiter nicht buh und nicht bäh! Schaut bloß ängstlich mit großen Augen. Und hüllt sich enger in ihr Flauschtuch. Und der Goldzahn im Munde glänzt.

Bereits diese knappe Exposition der Kurzgeschichte läßt nicht allein die spezifische Stilistik, sondern auch die literarische Funktion des skas-Stils bei Sostschenko erkennen, die zuletzt H. Günther – auch im Hinblick auf andere kürzere Prosatexte von Sostschenko – sehr präzise und differenziert beschrieben hat. Sowohl die Lexik, wie vor allem auch der Sprachgestus, der sich in der stark parzellierten Syntax manifestiert, heben die Orientierung an der spontanen mündlichen Rede auch noch im schriftlich fixierten Text stark hervor und erwecken zugleich beim Leser den Eindruck, als sei der Ich-Erzähler gar nicht imstande, hypotaktische Satzkonstruktionen und damit logische Verknüpfungen für seine Beobachtungen, Erfahrungen und Reflexionen zu verwenden. Sein begrenztes Bewußtsein scheint ihm den Blick auf die außerliterarische Realität so sehr zu verstellen, daß er Frauen, die ihm unerreichbar zu sein scheinen, sofort für »Aristokratinnen« hält, auch wenn sich deren Überlegenheit darauf beschränkt, daß sie Hüte auf den Köpfen, Seidenstrümpfe an den Beinen, Möpse im Arm und Goldzähne im Mund haben.

Die komisch-satirische Wirkung des Textes tritt jedoch im zweiten Absatz des zitierten Textstücks noch deutlicher hervor, wenn der Erzähler bekennt, daß er sich zu einer früheren Zeit »natürlich« von so einer Aristokratin habe bezaubern lassen, obgleich er seine Erlebnisse bereits aus der Rückerinnerung erzählt und seine zuerst geäußerte prinzipielle Abneigung gegen diese Form des Aristokratentums eine solche selbstverständliche Zuneigung nicht erwarten ließ. Indessen wirft aber gerade dieses ausdrücklich eingeschobene »natürlich«, das ein vom Leser eigentlich erwartetes »dennoch« vertritt, ein bezeichnendes Licht auf die ebenso naive wie komplizierte Sprach- und Denkweise des Ich-Erzählers. Einerseits ist er ein einfacher Hausmeister, der zwar nach der Revolution Theaterkarten über die Parteizelle beziehen kann, aber sich trotzdem auch in der Oper noch ausschließlich für den Zustand der Wasserleitungen und Klosetts interessiert. Andererseits hindert ihn diese soziale Stellung und die Tatsache, daß er durch die Oktoberrevolution, wie es ausdrücklich heißt, »an die Macht gekommen« ist, nicht daran, einer der ihm angeblich so verhaßten »Aristokratinnen« den Hof zu machen. Er lädt sie zum Spazierengehen ein, bemüht sich um eine angemessene Form der Konversation und macht schließlich durch die Einladung in die Oper den vergeblichen Versuch, auch den kulturellen Ansprüchen der »Aristokratin« zu genügen. Allerdings entspricht diese gerade im Theater durchaus nicht den hohen Erwartungen ihres Verehrers. Anstatt sich für die Opernaufführung zu interessieren, konzentriert sie sich ausschließlich auf die in der Pause am Buffet angebotenen Kuchenstücke. Diese verzehrt sie mit solchem Heißhunger, daß schließlich Grigorij Iwanowitsch ihre maßlose Gier nicht länger erträgt und lautstark Einspruch erhebt, da durch die Freßlust der »Aristokratin« auch seine finanziellen Möglichkeiten weit überschritten sind. Es kommt zum Skandal, der aus der Perspektive des Ich-Erzählers in folgender Weise geschildert wird:

»Von Ihnen bekomme ich« – sagt der Kantinenwirt – »für vier Stück Kuchen – so und so viel!«
»Wieso denn« – sage ich – »vier? Wo doch das Vierte auf der Schüssel liegt.«
»Nein« – antwortet dieser. »Wenn der Kuchen auch auf dem Teller liegt – so ist er doch schon angebissen und mit den Händen berührt!«
»Wie« – sage ich – »ein Anbiß, erbarmen Sie sich! Das ist bloß Ihre seltsame Phantasie!«
Der Kantinenwirt aber verhält sich indifferent, fuchtelt mir mit den Händen vor der Fresse herum.
Nun, es versammelten sich natürlich eine Menge Leute. Experten. Die einen sagen: der Anbiß ist erfolgt, die anderen sagen – nein.

Dieser Bericht des Ich-Erzählers über den von der »Aristokratin« und ihm selbst verursachten Theaterskandal, der den thematischen Höhe- und Wendepunkt der Kurzgeschichte darstellt, wirft noch einmal ein bezeichnendes

Licht auf die Denk- und Erzählweise des Hausmeisters Grigorij Iwanowitsch. Indem unverstandene oder zumindest unpassende Fremdwörter wie »indifferent« oder »Experten« unmittelbar mit groben, umgangssprachlichen Wendungen kombiniert werden, betont Sostschenko noch einmal die Halbbildung des Erzählers und zugleich sein Streben nach gesellschaftlichem Aufstieg und Prestige. Seine beschränkte Sprachkompetenz und sein persönlicher Ehrgeiz erlauben ihm nicht, auch nur eine so banale Szene wie die Auseinandersetzung um das vierte Stück Kuchen mit einfachen Worten zu schildern: auch hier wieder manifestiert sich die unüberbrückbare Kluft zwischen dem Ich-Erzähler und der »Aristokratin« schon auf der sprachlich-stilistischen Ebene des Textes.

Obgleich sich die komisch-satirische Wirkung der Kurzgeschichte in erster Linie aus dem skas-Stil des Ich-Erzählers ergibt, bezieht sich Sostschenkos ironischer Spott durchaus nicht nur auf die ebenso beschränkte wie ambitionierte Sprech- und Denkweise des Ich-Erzählers. Wenn es ihm am Ende doch nicht gelingt, die erhoffte Zuneigung der »Aristokratin« zu gewinnen, wird vor allem auch diese selbst für diesen Mißerfolg verantwortlich gemacht. Denn wiewohl sie sich bei der Auseinandersetzung um das vierte Stück Kuchen vornehm zurückhält, erweist auch sie sich gerade in der Oper als typische Kleinbürgerin, deren mondäne äußere Erscheinung und deren vulgär-egoistisches Verhalten am Theaterbuffet in keiner Weise zusammenpassen.

Zugleich demonstriert Sostschenko in seiner Kurzgeschichte, wie sehr auch noch nach der proletarischen Revolution, unter den Bedingungen der »Neuen Ökonomischen Politik«, die persönlichen Beziehungen der Menschen von den jeweiligen materiellen Voraussetzungen und Bedingungen bestimmt bleiben. Wohl wendet sich der Ich-Erzähler am Ende mit dem moralischen Lehrsatz: »Nicht im Gelde liegt das Glück, Genossin« an die »Aristokratin«. Doch wird durch die Erzählung selbst dem Leser bzw. Zuhörer gerade die gegenteilige Erfahrung vermittelt. Alle Bemühungen des Hausmeisters Grigorij Iwanowitsch scheitern nicht allein an der Arroganz der »Aristokratin« und der eigenen Unfähigkeit, sich entsprechende bürgerliche Verhaltensnormen anzueignen; sie bleiben auch deshalb erfolglos, weil die notwendigen finanziellen Bedingungen für eine solche Beziehung noch in keiner Weise gegeben sind. Die offiziell proklamierte Überwindung der Klassengegensätze, die Grigorij Iwanowitsch mit seiner Werbung um eine »Aristokratin« auch im sehr persönlichen Bereich zu praktizieren versucht, scheitert an den unzureichenden Lebensbedingungen der sowjetischen Alltagswelt und erst recht an den kulturellen Gegensätzen, die Sostschenko insbesondere durch den unbeholfenen und zugleich ambitionierten Erzählstil des Ich-Erzählers zum Ausdruck bringt. Auf diese Weise endet die Erzählung ebenso wie sie begonnen hat, nämlich mit der Feststellung des Erzählers: »Ach, ich kann diese Aristokratinnen nicht ausstehen!« Und es bleibt dem Leser überlassen, darüber nachzudenken, warum die Bemühungen des Genossen Grigorij Iwanowitsch um die »Aristokratin« nicht zu dem gewünschten Erfolg geführt haben, da dem Genossen selbst diese Gründe verborgengeblieben zu sein scheinen.

Die komisch-satirische Wirkung des skas-Stils zeigt sich aber fast noch deutlicher an einem Erzähltext, in dem Sostschenko die Rolle des Erzählens nicht einem, in bestimmter Weise charakterisierten Ich-Erzähler überträgt. In der Kurzgeschichte *»Hier wohnte Puschkin«* identifiziert sich vielmehr der fiktionale Erzähler selbst so stark mit der Denk- und Sprechweise seines Helden, daß auch ihm jedes Verständnis dafür fehlt, wenn die neue Regierung trotz der großen Wohnungsnot ganze Wohnungen von den Mietern räumen läßt, um für berühmte Dichterpersönlichkeiten entsprechende Gedenkstätten einzurichten. Indem Sostschenko auch hier wieder die Maßnahmen der Regierung ausschließlich aus der Sicht der Betroffenen schildert und kommentiert, kann er selbst auf jede direkte Kritik und Verurteilung verzichten. Er beschränkt sich darauf, die Konsequenzen auszumalen, die sich ergeben würden, wenn nach ihrem Tod vielen, jetzt noch völlig unbekannten sowjetischen Autoren ähnliche Privilegien zugestanden würden wie gegenwärtig bereits Puschkin:

> »Und das ist ja wahr! Es gibt da gewisse bedeutende Genies, die leben sehr leichtfertig in den Tag hinein, irren von Wohnung zu Wohnung und ziehen um. Und hinterher so traurige Resultate! Da braucht man gar nicht weit zu gehen. Ein uns gut bekannter Dichter hat im letzten Jahr nicht weniger als siebenmal das Zimmer gewechselt. Er kann – Sie wissen es selbst – nirgendwo Fuß fassen. Weil er die Miete nicht bezahlen kann! Vielleicht ist er aber, weiß der Teufel, doch ein Genie? Oh, und wie gram wird man ihm fünfzig Jahre später sein? Wegen dieser Zimmer!«

Auch in dieser Kurzgeschichte wird die endgültige Beurteilung des geschilderten Sachverhalts bewußt dem Leser überlassen. Durch die vermeintliche Naivität, mit der der fiktionale Erzähler den offiziellen Kult um das sogenannte »klassische Erbe« schildert und kommentiert, wird bereits deutlich genug unterstrichen, wie die Entscheidungen und administrativen Maßnahmen von Partei und Regierung schon wenige Jahre nach der Revolution nicht länger den unmittelbaren Interessen und Bedürfnissen der Bevölkerung entsprechen, sondern repräsentativen Zwecken und Zielsetzungen untergeordnet werden.

Neben Sostschenko haben vor allem Schriftsteller und Publizisten wie Michail Kolzow, Wasilij Lebedew-Kumatsch, Walentin Katajew und Wjatscheslaw Schischkow die Entwicklung der komisch-satirischen Kurzgeschichte in den 20er und frühen 30er Jahren bestimmt. Jedoch haben die Texte dieser Autoren schon zu ihrer Zeit und erst recht später niemals eine so breite Leserschaft angesprochen und eine so große Zustimmung gefunden. Denn keiner dieser Satiriker hat es so wie Sostschenko verstanden, menschliche Verhältnisse und Verhaltensweisen zu schildern, die sich trotz aller konkreten Bezüge nicht darin erschöpften, die durch die »Neue Ökonomische Politik« bedingten oder zumindest verstärkten Schwierigkeiten und Widersprüche darzustellen. Das Spannungsverhältnis zwischen den Erwartungen an den neuen, bereits durch die Revolution geprägten Menschen und dessen faktischem Verhalten in der Alltagswelt ist auch unter sehr anderen politischen und kulturellen Bedingungen als aktuell empfunden worden, zumal es Sostschenko wie kein anderer Satiriker seiner Zeit verstand, diese Diskrepanz in einem sehr subtilen ironischen oder komisch-burlesken Erzählstil zum Ausdruck zu bringen.

V

Satire als phantastische und realistische Groteske

M. Bulgakows Gogol- und Dostojewskij-Rezeption als Voraussetzung für eine phantastisch-groteske Darstellung der sowjetischen Bürokratie. Die literarische Struktur und die satirischen Implikationen seines Kurzromas *»Hundeherz«*. M. Platonows Erzählung *»Die Stadt Gradow«* als literarische Replik auf die *»Geschichte einer Stadt«* von M. Saltykow-Stschedrin.

Während Sostschenkos komisch-satirische Kurzgeschichten zumindest in den 20er Jahren noch überwiegend positiv aufgenommen und beurteilt wurden, stieß Michail Bulgakow bereits mit seinen frühen satirischen Feuilletons, Skizzen und Erzählungen auf das Unverständnis oder die offene Ablehnung der sowjetischen Literaturkritik. Diese vorwiegend negative Reaktion läßt sich nicht allein damit erklären, daß Bulgakow der Parteidiktatur der Bolschewiki und dem Aufbau des Sozialismus in einem ökonomisch und kulturell so zurückgebliebenen Land wie Rußland von vornherein sehr viel kritischer gegenüberstand als Sostschenko. Es kommt hinzu, daß Bulgakow mit der phantastischen Groteske eine Form der literarischen Darstellung wählte, die den Vertretern der offiziellen Literaturkritik und Kulturpolitik so fremdartig und unkalkulierbar erschien, daß sie schon die frühen satirischen Werke von Bulgakow entweder scharf kritisierten oder aber ihre Publikation überhaupt verhinderten. So wies bereits 1927 eine Kritikerin ausdrücklich darauf hin, daß sich Bulgakow, anders als Sostschenko, in keinem seiner Werke auf eine komisch-humoristische Schilderung der sowjetischen Alltagswelt beschränke. Vielmehr seien in seinen Texten phantastische und realistische Elemente so undurchschaubar miteinander verknüpft, daß der Leser dazu veranlaßt werde, hinter dem äußeren Geschehen einen anderen, symbolischen oder allegorischen Sinnzusammenhang zu suchen.

Tatsächlich ist, gerade im Vergleich zu Sostschenko, in den satirischen Texten von Bulgakow der Grad der ›Abweichung‹ und ›Verfremdung‹ ungleich größer. Die Schilderung der dem Leser mehr oder weniger vertrauten Lebenswelt überschneidet sich immer wieder mit phantastisch, bedrohlich oder dämonisch wirkenden Realitätsausschnitten, so daß eine eindeutige Abgrenzung der verschiedenen Darstellungsebenen nicht länger möglich ist. »Logik mischt sich mit Anti-Logik, dem Menschen tritt die Marionette gegenüber und agiert neben ihm auf gleicher Stufe. Natürliche Lebensverhältnisse werden von künstlichen, konstruierten durchkreuzt.« (G. Mensching)

Wie direkt sich dabei Bulgakow an der literarischen Groteske Gogols orientiert, die ebenfalls von diesem abrupten Wechsel zwischen einer realistischen und phantastischen Darstellungsebene bestimmt ist, zeigt bereits seine Travestie der *»Toten Seelen«,* die zuerst 1922 unter dem Titel *»Tschitschikows Abenteuer. Ein Poem in 2 Punkten mit einem Prolog und einem Epilog«* veröffentlicht wurde. In ihr entwirft Bulgakow ein bis ins Absurde übersteigertes Bild der neuen sowjetischen Gesellschaft und der sie beherrschenden Bürokratie, wobei er zum größten Teil eben die Figuren wieder auferstehen läßt, die dem Leser aus dem erzählerischen und dramatischen Werk Gogols nur zu gut bekannt waren. So ist es kaum erstaunlich, daß alle diese Angestellten der neuen Regierung dem völlig mittellosen Tschitschikow mit großzügigen Darlehen dabei behilflich sind, eine rein fiktive Scheinfirma zu gründen, um möglichst alle wirtschaftlichen Möglichkeiten auszunutzen, die die Einführung der »Neuen Ökonomischen Politik« mit sich brachte. Selbst nachdem Nosdrjow, der notorische Lügner aus den *»Toten Seelen«,* die ebenso plumpen wie erfolgreichen Betrugsversuche von Tschitschikow aufgedeckt hat, gelingt es den unzähligen, in keiner Weise miteinander koordinierten Behörden nicht, Tschitschikow ausfindig zu machen, zu verhaften und der gerechten Strafe zuzuführen:

»Die Gerüchte über Tschitschikow wurden schlimmer und schlimmer. Man fragte sich erstaunt, was für ein Vogel dieser Tschitschikow eigentlich sei und wo er hergekommen war. Der Klatsch in der Stadt nahm immer gefährlichere und bedrohlichere Formen an. Unruhe bemächtigte sich der Seelen. Die Telefone begannen zu läuten, Sitzungen wurden einberufen. Es beriet sich die Aufbaukommission mit der Kontrollkommission, die Kontrollkommission mit der Wohnungskommission, die Wohnungskommission mit dem Volkskommissariat für das Gesundheitswesen, das Volkskommissariat für das Gesundheitswesen mit der Hauptverwaltung für die Heimindustrie, die Hauptverwaltung für die Heimindustrie mit dem Volkskommissariat für Volksaufklärung, das Volkskommissariat für Volksaufklärung mit dem Proletkult usw.«

Trotz der Bemühungen dieser Behörden und Institutionen, die im russischen Originaltext mit den eben erst von der Sowjetregierung eingeführten Abkürzungen benannt und karikiert werden, gelingt es erst dem Ich-Erzähler, den Teufelskreis der Bürokratie zu durchbrechen und dafür zu sorgen, daß das inzwischen in wertvolle Brillanten eingetauschte Vermögen Tschitschikows aus dessen Bauch entfernt und an den Staat zurückgegeben wird. Und zum Dank für seine erfolgreichen Bemühungen wählt der Erzähler nicht etwa dringend benötigte Gegenstände aus dem nicht sehr reichhaltigen und nicht sehr verlockenden sowjetischen Warenangebot, sondern eine prachtvolle Gogol-Ausgabe, da er seine eigene kurz zuvor auf dem Schwarzmarkt hatte versetzen müssen.

Allerdings wird das phantastische Spiel mit Personen, Motiven und literarischen Verfahren der *»Toten Seelen«* in dieser farcenhaften Travestie noch gleichsam ›realistisch‹ motiviert und begründet: in Prolog und Epilog wird ausdrücklich darauf hingewiesen, daß sich die ›Auferstehung‹ von Tschitschikow in Sowjetrußland nur im Traum des Erzählers zugetragen habe. So bleibt nicht allein der Erzähler, sondern auch der Leser am Ende ohne Tschitschikow, ohne Nosdrjow und ohne die neue Gogol-Ausgabe zurück und muß sich damit abfinden, daß »das Leben von neuem in seiner alltäglichen Form vor ihm hermarschiert«.

Eine solche ›realistische‹ Auflösung des phantastischen Geschehens, durch die zumindest im Erzählrahmen die Grenze zwischen Traum und Wirklichkeit noch relativ deutlich markiert ist, hat Bulgakow in der sehr viel umfangreicheren Erzählung *»Djavoliada«* (Teufelsspuk) bewußt vermieden. In dieser zuerst 1924 erschienenen Satire hat Bulgakow nicht allein Motive aus Gogols *»Mantel«*, aus der *»Nase«* und den *»Aufzeichnungen eines Wahnsinnigen«* aufgegriffen und literarisch verarbeitet, sondern auch Dostojewskijs frühen Roman *»Der Doppelgänger«* fortzusetzen versucht. Die *»Djavoliada«* stellt indessen insofern eine nochmalige Steigerung des Doppelgänger-Motivs dar, als bei Bulgakow nicht nur der kleine Beamte Korotkow (Der Kurze) in der »Hauptzentralversorgungsstelle für Streichholzmaterialien« überraschend seinen Posten verliert und dadurch in zunehmendem Maße vom Verlust seiner eigenen Identität bedroht ist. Viel stärker irritiert und quält ihn die Tatsache, daß ihm der neu ernannte Vorgesetzte Kalsoner (Unterhoser), bei dem er eine Rückkehr auf seinen früheren Arbeitsplatz durchzusetzen versucht, einmal mit einem »langen assyrischen Lockenbart« gegenübertritt, dann wieder als winziger Zwerg erscheint, der »dem langen (!) Korotkow nur bis zur Taille reichte«, um sich schließlich in einen Kater zu verwandeln. Die von immer wieder neuen Zwischenfällen und Verwechslungen unterbrochene Verfolgungsjagd endet schließlich mit dem Tod des Helden, wobei selbst noch dessen verzweifelter Sprung in den Abgrund mit dem Mittel der Stilgroteske bis ins Absurde verfremdet wird:

»Die Verfolger waren bis auf zwei Schritte an ihn herangekommen. Schon sah Korotkow die ausgestreckten Hände, schon sprang eine Flamme aus dem Mund von Kalsoner. Der sonnenbeschienene Abgrund zog Korotkow derartig an, daß er sich seiner bemächtigte. Mit einem durchdringenden Siegesschrei sprang er herab und flog nach oben. (...) Dann zersprang die blutige Sonne mit einem lauten Klang in seinem Kopf und er sah absolut nichts mehr.«

Obgleich sich die komplizierte, gleichsam atemlos erzählte Geschichte nicht direkt auf bestimmte Phänomene der zeitgenössischen Wirklichkeit bezieht, wird man die *»Djavoliada«*-Erzählung als satirische Groteske bezeichnen dürfen. Denn die verzweifelten Bemühungen des Helden, seinen neuen Vorgesetzten ausfindig zu machen und sich diesem gegenüber zu rechtfertigen, vollziehen sich in labyrinthartigen Räumen und Treppenhäusern der verschiedensten staatlichen Behörden, die trotz aller Hyperbolik auf die verschiedenen Institutionen der sowjetischen Bürokratie verweisen. Ungeachtet aller Phantastik und absurden Übersteigerung werden nicht allein Korotkow, sondern auch die übrigen Beamten und Angestellten der staatlichen Behörden als leblose Automaten oder zumindest austauschbare Marionetten eines Systems dargestellt, dessen anonyme Perfektion und Undurchschaubarkeit zu der offiziell propagierten Abschaffung des Staates und seines Machtapparats in krassem Widerspruch steht. Dadurch, daß nicht allein Korotkow, sondern auch sein dämonischer Gegenspieler Kalsoner als leicht austauschbare Bestandteile dieses Systems geschildert werden, wird Gogols und Dostojewskijs klassische »Erzählung vom kleinen Beamten« zu einer dämonisch-grotesken Darstellung einer entfremdeten, verbürokratisierten Welt gesteigert, deren Mechanismen die Vorgesetzten ebenso unterworfen sind wie ihre Untergebenen. Auf diese Weise beschränkt sich bereits die *»Djavoliada«* nicht auf die satirische Darstellung des neuen, gegenüber dem Zarismus noch sehr viel mächtiger gewordenen Beamtenapparats. Der Text bietet vielmehr ein surrealistisches Bild einer undurchschaubaren, absurden Welt, das bereits auf Bulgakows in den 30er Jahren entstandenen philosophischen Roman *»Der Meister und Margarita«* vorausweist.

Wenn man mit G. Mensching das Groteske in der Kunst und Literatur als »abrupten Wechsel und nur schwer durchschaubare Überschneidung verschiedener, disparater Darstellungsebenen« definiert, so trifft eine solche Bestimmung aber erst recht auf Bulgakows 1925 entstandenen Kurzroman *»Hundeherz«* zu, der bis heute noch nicht in der Sowjetunion publiziert worden ist und auch im Westen erst 1968 veröffentlicht wurde. In ihm wird der medizinisch erfolgreiche, anthropologisch und ethisch gesehen aber höchst fragwürdige Versuch eines Medizinprofessors geschildert, einem in Moskau herumstreunenden Hund ein menschliches Herz einzupflanzen. Der Eingriff des Chirurgen und die Reaktionen des betroffenen Hundes und der übrigen Zeugen dieses unerhörten Vorgangs werden allerdings aus so unterschiedlichen Perspektiven und in einer so rätselhaft-phantastischen Form geschildert, daß der Text die verschiedensten, kaum miteinander zu vermittelnden Deutungen erfahren hat.

So ist etwa versucht worden, das Schicksal des Hundes Scharik, der sich selbst nach der erfolgreichen Transplantation den Namen Poligraf (Vielschreiber) zulegt, mit der Situation des Schriftstellers Bulgakow in Verbindung zu bringen. Denn Bulgakow sei schon in den 20er Jahren zu einer ähnlich einschneidenden Revision seiner ästhetischen und politischen Überzeugungen gezwungen worden wie sie dem Hund durch die gewaltsame Transplantation zugemutet werde. Indessen reicht der Bedeutungsname Poligraf nicht aus, um eine solche allegorische Interpretation des Textes zu begründen, zumal – im Gegensatz zu den späteren Werken von Bulgakow – hier die Künstlerproblematik noch kaum eine Rolle spielt. Ebensowenig überzeugend ist m. E. der Versuch, den Kurzroman »Hundeherz« als eine parabolische Satire auf den Versuch der sowjetischen Regierung zu interpretieren, notfalls auch mit Gewalt und gegen den Willen der Betroffenen den neuen, sozialistischen Menschen zu schaffen, auch wenn sich eine solche Deutung auf einzelne Textstellen stützen kann. Wird doch der auf Verjüngungskuren und Organtransplantationen versessene Professor

Preobraschenskij (Der Umwandler) als ein so konsequenter Gegner des Proletariats und seiner Klasseninteressen geschildert, daß er wohl kaum, wenn auch nur ironisch, auf E. Preobraschenskij, den bedeutendsten Wirtschaftstheoretiker der Partei und Regierung, bezogen werden kann. Sein Name verweist wohl eher und sehr viel genereller auf den fragwürdigen Anspruch der Medizin und der Naturwissenschaft, den Menschen umzuwandeln und zu verbessern, ohne die von dieser Operation betroffenen Individuen vorher zu konsultieren und die moralischen und anthropologischen Konsequenzen solcher Versuche hinreichend zu bedenken. Da überdies von der Bulgakow-Forschung inzwischen gezeigt werden konnte, daß der Kurzroman eine direkte literarische Replik auf den Roman »*The Island of Doctor Moreau*« von H. G. Wells darstellt, scheint mir eine Deutung am adäquatesten und plausibelsten zu sein, die die gegen den optimistischen Anspruch der Wissenschaft gerichteten, anti-utopischen Passagen des Textes in den Mittelpunkt rückt. Ungeachtet aller Anspielungen auf die schlechten Wohnverhältnisse in Moskau, die Privilegien der alten Intelligenzija und der neuen Machthaber oder die aggressive Einstellung des an die Macht gekommenen Proletariers zeigt gerade ein Text wie »*Hundeherz*«, daß sich auch satirische Texte durchaus nicht immer auf eine kritische Darstellung der zeitgenössischen Realität und der sie bestimmenden persönlichen oder sozialen Probleme beschränken müssen. Insbesondere durch den grotesken Stil der Darstellung erlangt der Roman eine universalere, symbolische Bedeutung, die sich vielleicht als generelle Skepsis gegenüber dem wissenschaftlich-technischen Fortschritt beschreiben ließe.

Obgleich zweifellos auch eine solche Deutung nicht alle satirischen Implikationen des Kurzromans erfaßt, wird sie zumindest dem komplizierten Verhältnis zwischen dem egoistischen und skrupellosen Wissenschaftler Preobraschenskij und seinem wehrlosen Opfer, dem Hund Scharik, gerecht. Denn Bulgakow, der den Professor zunächst als fanatischen Anhänger der »Eugenik, der Verbesserung der menschlichen Rasse« bezeichnet, läßt diesen am Ende selbst zu der Erkenntnis kommen:

»Die Hypophyse hängt schließlich nicht in der Luft. Sie wurde einem Hundegehirn eingepflanzt und muß sich erst noch an dieses anpassen. Jetzt zeigt Scharikow nur noch Überreste eines hündischen Verhaltens. Daß er Katzen umbringt, ist noch das beste von allem, was er überhaupt tut. Das Schlimmste ist doch, daß er kein Hundeherz mehr hat, sondern ein menschliches Herz. Und das ist das räudigste, das es in der Natur überhaupt gibt.«

Dieser Akt der Selbsterkenntnis veranlaßt Preobraschenskij allerdings nur dazu, Poligraf wieder in den ebenfalls von den Menschen verachteten Hund Scharik zurückzuverwandeln. Sie hindert ihn nicht daran, vor den Augen des verängstigten Hundes seine kühnen Experimente mit menschlichen und tierischen Gehirnen fortzusetzen, die der Professor in großen Glasgefäßen in seiner eigenen Wohnung aufbewahrt und konserviert.

Im Gegensatz zu Bulgakow hat Platonow in seiner zuerst 1926 publizierten Erzählung *»Die Stadt Gradow« (Gorod Gradov)* auf eine abenteuerlich-phantastische Sujetkonstruktion bewußt verzichtet, um stattdessen das eintönige und perspektivlose Leben in der russischen Provinz in allen Einzelheiten zu beschreiben. Dennoch muß auch dieser Text als literarische Groteske gelesen und interpretiert werden. Ungeachtet aller realistischen Details bietet diese Satire ein ähnlich stark verfremdetes, bis zur Absurdität gesteigertes Bild einer imaginären Stadt, wie es Michail Saltykow-Stschedrin, der bedeutendste russische Satiriker des 19. Jahrhunderts, etwa 60 Jahre zuvor in seiner *»Geschichte einer Stadt« (Istorija odnogo goroda)* entworfen hatte. Allerdings wählt Platonow, anders als Saltykow-Stschedrin, nicht die Form einer fiktiven, angeblich von verschiedenen Archivaren aufgezeichneten historischen Chronik, um die unüberbrückbare Kluft zwischen den ursprünglichen Zielen der proletarischen Revolution und ihrer bürokratischen Erstarrung und Entartung aufzudecken. Denn für die stagnierende Langeweile und die seelenlose Routine, die das Leben aller Bewohner dieser Stadt bestimmen, sind nicht länger die verschiedenen Stadtoberhäupter und ihre absolutistische Ausübung der Macht verantwortlich. Vielmehr zeigt Platonow mit großer Intensität und verhaltener Ironie, wie sich die fast ausschließlich aus Staatsbeamten und Arbeitslosen bestehende Bevölkerung der Stadt mit den verschiedenen Institutionen der Partei und Regierung in einem solchen Ausmaß identifiziert, daß sie eine Veränderung ihres tristen, zur verbindlichen Norm erstarrten Lebens weder für möglich noch für wünschenswert hält:

> »Die Kanzlei war ihnen zu ihrer liebsten Landschaft geworden. Die graue Stille eines ruhigen, mit Geistesarbeitern bevölkerten Raumes hatte für sie etwas sehr viel Anheimelnderes als die unberührte Natur. In ihren vier Wänden fühlten sie sich vor den wilden Elementen der ungeordneten Welt in Sicherheit und, indem sie die Zahl der Schriftstücke noch vermehrten, erfüllte sie das Bewußtsein, die Ordnung und die Harmonie in dieser unsinnigen, noch nicht kontrollierten Welt zu vermehren. (...)
> Weder die Sonne noch die Liebe noch irgendeine andere lasterhafte Erscheinung erkannten sie an, sie bevorzugten schriftliche Fakten. Außerdem gehörten ja weder die Liebe noch die Registrierung der Sonnentätigkeit in den unmittelbaren Bereich ihrer Dienstaufgaben.«

Schon diese kurze Passage macht deutlich, daß sich Platonows Satire – ähnlich wie sein späterer »*Tschewengur*«-Roman – nicht auf eine aggressiv-witzige Abrechnung mit der alten und neuen Bürokratie beschränkt, wie sie für Majakowskijs Verssatiren und Komödien so charakteristisch ist. Platonow wählt vielmehr einen gleichmütig-resignativen, leicht ironisch gebrochenen Stil der Darstellung, um die Stagnation und lethargische Ruhe der Stadt zu schildern, in die schon »die Revolution zu Fuß gekommen war« und in der es niemals irgendwelche Auseinandersetzungen gegeben hatte, weil die Bevölkerung »alle Resolutionen ergeben und einstimmig angenommen hatte«. Zwar wird diese vermeintliche Loyalität der Bürger und ihrer bürokratischen Institutionen von dem politischen Zentrum in Moskau in der Weise honoriert, daß der Stadt Subventionen in Millionenhöhe zuerkannt werden. Jedoch scheitern die geplanten Großprojekte schon daran, daß die geeigneten Spezialisten fehlen, um die phantastischen Pläne mit den sehr viel bescheideneren, aber dringenden Bedürfnissen der Stadt in Einklang zu bringen.

Vor allem aber gelingt es auch Schmakow, dem eigens aus dem Zentrum nach Gradow entsandten Vertreter des Proletariats, in keiner Weise, die lähmende Selbstzufriedenheit und Langeweile zu durchbrechen, die diese, die gesamte russische Provinz symbolisierende Stadt beherrscht. Denn auch Schmakow richtet sein gesamtes Handeln und Verhalten ausschließlich an einer ebenso utopischen wie inhumanen Staatsideologie aus und hat deshalb längst jede Beziehung zu den unmittelbaren Bedürfnissen der Stadt und ihrer Bewohner verloren. Nach dem Vorbild von Saltykow-Stschedrin, der seine Darstellung der Stadt Glupow und ihrer machtbesessenen Stadtoberhäupter ebenfalls durch entsprechende Dokumente der Regierenden ergänzt, fügt auch Platonow immer wieder Fragmente eines pseudowissenschaftlichen Traktats in die Erzählung ein, in dem Schmakow sein affektives Verhältnis zur Staatsmacht und zur Bürokratie auch theoretisch zu begründen und zu rechtfertigen versucht. Diese »Aufzeichnungen eines Staatsbeamten«, die Schmakow selbst später mit dem noch anspruchsvolleren Titel »Die Sowjetisierung als Prinzip der Harmonisierung des Weltalls« versieht, gipfeln in der folgenden stolzen Feststellung:

> »Wer sind wir denn? Wir sind die Stell – ver – treter des Proletariats! Ich, zum Beispiel, bin der Stellvertreter des Revolutionärs und unseres Herrn! Empfindet ihr die Weisheit? Alles ist gefälscht! Nichts ist echt, alles nur Surrogat. (. . .) Deshalb ist der von allen möglichen Dummköpfen und Übeltätern so geschmähte Bürokrat der wahre Baumeister der zukünftigen, klar artikulierten sozialistischen Welt!«

Diesem offenen Bekenntnis zur Bürokratie und zum totalitären Staat, das Trotzkijs spätere Kritik an der stalinistischen Bürokratie und der von ihr verratenen Revolution vorwegnimmt, wird zwar von einem der Staatsbeamten heftig widersprochen, da sich eine solche Auffassung nicht mit der herrschenden Parteilinie in Einklang bringen lasse. Jedoch verweist der noch von der zaristischen Regierung übernommene Bürokrat Bormotow darauf, daß Schmakows Rede ja nicht in einem schriftlichen Protokoll festgehalten worden sei und außerdem innerparteiliche Meinungsverschiedenheiten nicht in die Öffentlichkeit getragen werden dürften, womit jede weitere Diskussion von vornherein abgeschnitten wird. Statt dessen feiert Schmakow zusammen mit den alteingesessenen Bürokraten von Gradow das 25jährige Dienstjubiläum von Bormotow, der von einem der Festredner ausdrücklich als ein »Mann vorrevolutionärer Qualität« gewürdigt wird, und beteiligt sich an der allgemeinen Verherrlichung der alten und neuen Bürokratie.

Diese Jubiläumsfeier stellt zweifellos das thematische und kompositionelle Zentrum der Erzählung dar. Doch beschränkt sich Platonows Satire nicht auf die Kritik an den ebenso bornierten wie selbstbewußten Ansichten der Staatsbeamten, die sich nicht zuletzt durch ihren bürokratischen Redestil selbst als willenlose Instrumente des allmächtigen Staatsapparats entlarven. Durch den grotesken Stil der Darstellung gelingt es Platonow vielmehr, Gradow als tote, seelenlose Stadt zu schildern. Die gesamte Initiative der Einwohner beschränkt sich darauf, immer wieder die administrative Bedeutung von Gradow gegenüber dem allmächtigen Zentrum in Moskau hervorzuheben, um auf diese Weise auch ihre eigene Daseinsberechtigung unter Beweis zu stellen. Selbst als am Ende in Moskau der Beschluß gefaßt wird, nicht Gradow, sondern eine andere Provinzstadt zur Hauptstadt des Bezirks zu ernennen, hat diese Entscheidung keine einschneidenden Auswirkungen, weil durch sie nur die allerunfähigsten Beamten und Angestellten ihren Posten verlieren. Schmakow selbst wird nur in eine andere, weniger einflußreiche Abteilung versetzt und stirbt bald darauf, ohne seine sozialpsychologische Abhandlung über die »Prinzipien der Entpersönlichung des Menschen« zum Abschluß gebracht zu haben. Der noch aus dem zaristischen Beamtenapparat übernommene Bürokrat Bormotow schließlich ist von der gerade von ihm so sehr befürchteten Entscheidung der Moskauer Zentrale kaum betroffen. Denn er nimmt die Umbenennung des einflußreichen Gradower Exekutivkomitees in den »Dorfsowjet Gradow« gar nicht zur Kenntnis, obwohl er auch nach seiner Versetzung in den Ruhestand noch jeden Tag vor dem administrativen Zentrum der Stadt stundenlang auf und ab geht.

Fragt man nun abschließend danach, aus welchen Gründen eine so schonungslose Abrechnung mit der Bürokratie und dem bürokratischen Sozialismus sogar noch in den späten 20er Jahren toleriert worden ist, wird man sich wohl kaum mit der Erklärung zufrieden geben dürfen, daß Platonow als einem der wenigen ›proletarischen‹ Schriftsteller von der Zensur und von der offiziellen Literaturkritik ein besonders großer Spielraum zugestanden wurde. Offensichtlich ist die satirische Entlarvung der alten und neuen Bürokratie zunächst als direkte und sehr willkommene Unterstützung der offiziell von der Partei propagierten Kampagne gegen die Bürokratie betrachtet worden, die während des Machtkampfs zwischen Stalin und Trotzkij eine zentrale Rolle spielte. Diese überwiegend positive Einschätzung von Platonow wird jedoch im Jahre 1930 von einem Literaturkritiker in Frage gestellt, der zwar die literarische Bedeutung seines schriftstellerischen Werks durchaus nicht bestreitet, aber die philosophisch-symbolische Bedeutung seiner satirischen Erzählungen sehr klar erkennt und entsprechend scharf verurteilt. In dieser Rezension, die mit dem bezeichnenden Titel »Die Fehler eines Meisters« versehen ist, wird die »gesellschaftliche Bedeutung« von Platonows Erzählung in folgender Weise bestimmt:

> »Die Organisation der Gesellschaft wird von Platonow höchst ironisch als ein geradezu unsinnig reglementiertes System betrachtet und dargestellt. (...) Indem er seinen Angriff auf einzelne Bezirke der zeitgenössischen Wirklichkeit richtet, wendet sich Platonow gegen die sowjetische Staatsverfassung insgesamt. Er erregt nicht den Widerwillen des Lesers gegen einzelne Verzerrungen einer bestimmten Idee, sondern gegen die Idee des Staates überhaupt, unter unseren Bedingungen gegen den proletarischen Staat.«

Eine so prinzipielle satirische Auseinandersetzung mit der Idee und den gesellschaftlichen und ideologischen Voraussetzungen des ›proletarischen‹ Staats wurde seit Beginn der 30er Jahre, sofern sie überhaupt noch versucht worden ist, bereits von den Zensurbehörden verhindert. Und auch nach der begrenzten Rehabilitierung von Platonow ist sein wichtigstes Werk, der utopische Roman *»Unterwegs nach Tschewengur«,* bisher in der Sowjetunion nicht publiziert worden.

VI

Zeitkritische Komödie und märchenhaftes Schaustück

Trotzkijs Plädoyer für eine Erneuerung der klassischen satirischen Komödie. N. Erdmans *»Mandat«* und *»Selbstmörder«* und das Problem des Tragischen in der Satire. Die Provokation der offiziellen Literaturkritik durch Majakowskijs *»Wanze«* und *»Schwitzbad«*. *»Der Drache«* von Je. Schwarz und seine Rezeptionsgeschichte.

Seit der zweiten Hälfte des 18. Jahrhunderts hat sich auch in Rußland die Komödie zu einem so beliebten und wirkungsvollen satirischen Genre entwickelt, daß demgegenüber die klassische Verssatire immer mehr an Bedeutung verlor. Die russischen Dramatiker beschränkten sich schon bald nicht mehr auf die Übersetzung beziehungsweise freie Nachahmung französischer oder deutscher Stücke, sondern verfaßten originale, auf die eigene Gesellschaft bezogene Sittenkomödien (komedii nravov), die über die satirische Verspottung und Entlarvung allgemein-menschlicher Schwächen und Laster weit hinausgingen. Spätestens seit dem Erscheinen von D. Fonwisins *»Landjunker« (Nedorosl',* 1782) ist die satirische Komödie immer wieder dazu genutzt worden, bestimmten, besonders einflußreichen Repräsentanten bzw. gesellschaftlichen Gruppen der zeitgenössischen Gesellschaft den Spiegel vorzuhalten, um an ihrem Fehlverhalten besonders gravierende Mißstände der politischen und gesellschaftlichen Ordnung im ganzen aufzudecken. Ungeachtet aller Sprach- und Situationskomik und trotz der zunächst stark ausgeprägten moralisch-didaktischen Tendenz gewinnen zumindest einige dieser Komödien eine so tragische Dimension, daß in den 40er Jahren des 19. Jahrhunderts der Schriftsteller und Kritiker W. F. Odojewskij konstatierte, Rußland besitze nur drei echte Tragödien: Fonwisins »Landjunker«, Gribojedows »Verstand schafft Leiden« und Gogols »Revisor«.

Dieses Diktum ist aus literarhistorischer Sicht zweifellos angreifbar. Läßt es doch die klassizistische Tragödie, aber auch Puschkins »Boris Godunov« völlig unberücksichtigt. Indessen ist kaum zu bestreiten, daß die von Odojewskij genannten Werke – zusammen mit den Komödien und Dramen von Ostrowskij und Tschechow – die Gesamtentwicklung des russischen Dramas und Theaters ungleich stärker beeinflußt haben als die Tragödien im engeren Sinne des Wortes. Durch die unmittelbare Verknüpfung des Unterhaltsamen mit dem Satirischen und des Komischen mit dem Tragischen unterscheiden sich alle diese Stücke kategorial von der westeuropäischen Komödientradition und bieten ein so eindringliches und illusionsloses Bild der vorrevolutionären russischen Gesellschaft, daß Trotzkij schon 1923 eine unmittelbare Fortsetzung eben dieser Komödientradition anregte:

»Wir brauchen unseren eigenen »Landjunker«, einen eigenen »Verstand schafft Leiden« und einen eigenen »Revisor«, nicht eine Neuinszenierung dieser drei alten Komödien, keine parodistisch-karnevalistische Umarbeitung auf sowjetische Manier, nein, wir brauchen ganz einfach die lachende und zornige sowjetische Sittenkomödie. Ich verwende mit Absicht die Ausdrücke der alten Lehrbücher der Literaturgeschichte und habe keine Angst vor dem Vorwurf der Rückständigkeit, denn die neue Klasse, das neue Alltagsleben, die neuen Laster und der neue Stumpfsinn verlangen, daß man sie der Verschwiegenheit entreiße. Erst wenn das geschieht, werden wir eine neue Theaterkunst haben, denn ohne neue Methoden läßt sich der neue Stumpfsinn nicht wiedergeben.«

Es ist das Verdienst des Regisseurs Wsewolod Meyerhold, durch seine modernen konstruktivistischen Inszenierungen der Komödien von Gribojedow, Gogol und Ostrowskij nicht allein die klassischen satirischen Komödien des 19. Jahrhunderts wieder aktualisiert und einem neuen Publikum zugänglich gemacht zu haben. Sobald Meyerhold die neuen, auf die zeitgenössische sowjetische Wirklichkeit bezogenen satirischen Komödien von Nikolaj Erdman und Majakowskij vorlagen, hat er sich mit derselben Intensität und Originalität auch um deren Inszenierung bemüht, so daß die von Trotzkij geforderte Erneuerung der klassischen satirischen Komödie schon in den 20er Jahren realisiert werden konnte.

Dabei ist es wohl nicht allein den immer restriktiver werdenden kulturpolitischen Rahmenbedingungen zuzuschreiben, wenn zwar noch Erdmans *»Mandat«* (1925) vom Publikum und von der professionellen Literaturkritik außerordentlich positiv aufgenommen wurde, während die geplante Aufführung des *»Selbstmörders«* im Jahre 1932 unmittelbar vor dem Abschluß der Probenarbeit verboten wurde. (Beide Texte sind bislang nur außerhalb der Sowjetunion publiziert worden.) Entscheidender ist wohl die Tatsache, daß sich in der früheren Komödie der satirische Angriff in erster Linie gegen die Repräsentanten des Ancien régime richtete: gegen die Generäle, die Großgrundbesitzer und die Fabrikanten, die durch eine geschickte Verheiratung ihrer Kinder auch nach der Oktoberrevolution noch ihre früheren Privilegien und materiellen Vorteile zurückzugewinnen bzw. eine Wiederherstellung der alten, vorrevolutionären Verhältnisse zu erreichen versuchen. Demgegenüber bleibt die satirische Entlarvung des Mandatsträgers Pawel Guljatschkin, der – ebenso wie Chlestakow in Gogols *»Revisor«* – bereits durch seine nur vorgespielte Parteimitgliedschaft alle Anwesenden in Angst und Schrecken versetzt, eher ein komisches literarisches Verfahren im Rahmen einer burlesken Verwechslungskomödie. Am Schluß des Stücks lehnt es bezeichnenderweise sogar die herbeigerufene Miliz ab, Guljatschkin wegen Urkundenfälschung und Amtsanmaßung zu verhaften und veranlaßt diesen dadurch zu der ebenso komischen wie verzweifelten Feststellung:

> »Mütterchen, wenn man uns nicht einmal verhaften will, wie sollen wir denn dann leben, Mütterchen, wie sollen wir denn dann leben?«

Obgleich sich bereits das *»Mandat«,* trotz dieses farcenhaften Schlusses, als satirische Abrechnung mit dem opportunistischen Verhalten der verschiedenen gesellschaftlichen Gruppen unter den Bedingungen der »Neuen Ökonomischen Politik« interpretieren läßt, die ihr Handeln und Verhalten ausschließlich an ihren sehr persönlichen, egoistischen Bedürfnissen und Machtinteressen ausrichten, bietet erst Erdmans *»Selbstmörder«* ein so düsteres und perspektiveloses Bild der Gesamtgesellschaft, wie es im 19. Jahrhundert bereits in den Komödien von Gribojedow, Gogol und Ostrowskij entworfen worden war. Denn das außerordentlich theaterwirksame Stück geht über eine bittere Satire auf das sowjetische Kleinbürgertum weit hinaus, das den angekündigten Selbstmord des Helden Semjon Podsjekalnikow zu einem weithin sichtbaren Fanal gegen die sowjetische Regierung und Gesellschaftsordnung auszunutzen versucht. Als sich Podsjekalnikow schließlich doch gegen den Selbstmord entscheidet, enttäuscht er damit die Erwartungen aller derer, die zur Feier des bevorstehenden Selbstmords bereits ein großes Abschiedsessen mit dem Selbstmörder organisiert und finanziert hatten. Der zuvor gänzlich unbekannte und in seinem Leben von allen verachtete Kleinbürger verwandelt sich in einen selbstbewußten und zugleich tragischen Helden, der gegen die Inanspruchnahme des Individuums durch das Kollektiv in folgender Weise protestiert:

> »Hier stehe ich vor Euch, ein zur Masse degradierter Mensch, und will zu meiner Revolution sagen: ›Was willst du von mir? Was habe ich dir nicht gegeben? Sogar die Hand habe ich dir gegeben, Revolution, die jetzt gegen mich stimmt. Und was hast du mir dafür gegeben, Revolution? Nichts.‹ (...) Unseren ganzen Aufbau, alle Errungenschaften, Weltbrände, Eroberungen, all das, behaltet es für Euch. Aber mir, Genossen, mir gebt nur ein ruhiges Leben und ein anständiges Gehalt. (...) Tun wir denn etwas gegen die Revolution? Seit dem ersten Tag der Revolution tun wir nichts. Wir besuchen uns nur gegenseitig und sagen, daß es schwer ist zu leben. Um Gottes willen, entzieht uns nicht die letzte Existenzmöglichkeit, erlaubt uns zu sagen, daß es schwer ist zu leben. Wenn auch nur so, flüsternd: Schwer ist es zu leben. Genossen, ich bitte Euch im Namen von

Millionen von Menschen: Gebt uns das Recht zu flüstern. Ihr werdet das bei Eurem Aufbau nicht einmal hören. Das versichere ich Euch. Unser ganzes Leben werden wir flüsternd verbringen.«

Diese schonungslose Abrechnung mit den staatlich verordneten Zielsetzungen der Partei und der Regierung läßt sich wohl kaum mehr als Ausdruck einer typisch kleinbürgerlichen Denkweise interpretieren und bewerten, von der Podsjekalnikow zu Beginn der Komödie noch ausschließlich geprägt ist. Seine beschwörende Bitte, ihn in Ruhe zu lassen und ihm zumindest noch das Recht zu flüstern einzuräumen, richtet sich jetzt programmatisch gegen ein politisches und gesellschaftliches System, in dem der einzelne zum Schweigen verurteilt ist, um nicht den offiziell propagierten Fortschrittsoptimismus zu stören. Der in der Rede von Podsjekalnikow sich bereits ankündigende dialektische Umschlag des Komischen ins Tragische wird indessen erst in der letzten Szene des Stücks endgültig vollzogen. Nachdem es Podsjekalnikow abgelehnt hat, für die ganz unterschiedlichen, aber eindeutig gegen die Sowjetmacht gerichteten Interessen der Intelligenzija, der Geistlichkeit, der Geschäftsleute und der Schriftsteller zu sterben, um durch seinen Selbstmord gegen die unerträglichen materiellen und kulturellen Lebensbedingungen zu protestieren, erschießt sich am Ende ein anderer, jüngerer Mann aus rein persönlichen Gründen, hinterläßt jedoch der Nachwelt einen Zettel mit der Aufschrift: »Podsjekalnikow hat recht. Es lohnt sich tatsächlich nicht zu leben.«

Durch diesen Schlußeffekt, der dramaturgisch gesehen dem plötzlichen Erscheinen des wahren Revisors in Gogols Komödie entspricht, steigert sich Erdmans Komödie zu einer tragischen Darstellung einer sinnentleerten Welt, in der das Leben des einzelnen Individuums nichts gilt und jede existentielle Bedeutung verloren hat. Auf diese Weise werden in Erdmans »Selbstmörder« nicht allein die selbstbezogenen und hypertrophen Wunschträume Podsjekalnikows und seiner Familie zerstört und die egoistischen, gegen den Sowjetstaat gerichteten Interessen seiner falschen Freunde und Bewunderer entlarvt. Erdmans Satire richtet sich zugleich gegen die großen Ziele und die in propagandistische Phrasen gehüllten Versprechungen einer Partei und Regierung, von der noch das »Flüstern« einzelner Bürger über die tatsächlichen, für den einzelnen schwierigen Lebensbedingungen als Verrat an der Revolution betrachtet und geahndet wird. Der ungewöhnlich große Erfolg, den Erdman und Meyerhold mit der Inszenierung des *»Mandats«* um die Mitte der 20er Jahre erzielt haben, konnte sich unter den kulturpolitischen Bedingungen der frühen 30er Jahre nicht wiederholen. Eine so scharfsinnig-witzige und zugleich tragisch-aggressive Darstellung des frühen Stalinismus und seiner Konsequenzen konnte nicht länger toleriert werden, da sie den großen utopischen Versprechungen, die die Partei mit der Kollektivierung der Landwirtschaft und dem ersten Fünfjahresplan verband und proklamierte, in jeder Beziehung widersprach.

Majakowskijs satirische Komödien *»Die Wanze«* und *»Das Schwitzbad«* unterscheiden sich sowohl in ihrer politisch-ideologischen Ausrichtung wie auch ästhetisch kategorial von den Stücken Nikolaj Erdmans. Denn Majakowskij versuchte die agitatorisch-propagandistische Perspektive, die bereits seine ROSTA-Fenster und seine Verssatiren auszeichnen, dadurch auch in seinen satirischen Komödien beizubehalten, daß er dem von Egoismus, Opportunismus und bürokratischem Machtmißbrauch geprägten Leben der Gegenwart eine utopische Welt der Zukunft entgegensetzte. Deshalb beschränkt er sich bereits in der *»Wanze«* (1928) nicht darauf, in grellen Farben die Vorbereitungen und die Durchführung einer »roten Hochzeit« zwischen der Erbin eines Friseurgeschäfts, Elsevira Renesans, und dem Arbeiter und Parteimitglied Prisypkin darzustellen, die von Bajan, dem Organisator des Fests, in folgender Weise verherrlicht wird:

»Konnten wir, als wir noch unter dem Joch der Selbstherrschaft stöhnten, konnten etwa unsere großen Lehrer Marx und Engels voraussehend träumen oder träumend voraussehen, daß wir mit Hymens Band die unbekannte, aber große Arbeit mit dem geschlagenen, aber nichtsdestoweniger bezaubernden Kapital verknüpfen werden?«

Diese ironische Wendung gegen eine derartige, für beide Seiten vorteilhafte Verbindung des Proletariats mit dem Kleinbürgertum stellt indessen nur das eine thematische Zentrum der »Märchenzauber-Komödie« dar. Denn im zweiten Teil des Stücks, in dem ein stark verfremdetes Bild einer perfektionistischen und sterilen Welt der Zukunft entworfen wird, versuchten Majakowskij und Meyerhold das Publikum davon zu überzeugen, daß auch noch 50 Jahre später, in der utopischen Metropole der Weltrepublik, die ursprünglichen Ziele der Revolution in keiner Weise verwirklicht werden konnten. Die rationalistische Organisation der Gesellschaft nach vermeintlich sozialistischen Prinzipien ist hier mit einer solchen Konsequenz und mit einer solchen Perfektion verwirklicht worden, daß die Entscheidungen des Kollektivs längst an Abstimmungs-Maschinen delegiert worden sind und auch so legitime Bedürfnisse der einzelnen Individuen wie die persönliche Liebe nicht länger berücksichtigt werden. So ist es nicht erstaunlich, daß sich nicht nur der Kleinbürger Prisypkin in dieser automatisierten, von Hygiene-Vorschriften beherrschten Welt einsam und verlassen vorkommt und eine kleine unbedeutende Wanze als das einzige lebendige Wesen in dieser von kollektivem Terror und Selbstentfremdung geprägten Realität betrachtet.

Aber auch auf die übrigen Mitglieder dieser zunächst vollkommen steril erscheinenden Gesellschaft überträgt sich sehr schnell der Bazillus des Kleinbürgertums, nachdem das Kollektiv den einstimmigen Beschluß gefaßt hat, Prisypkin aufzutauen, der, in einem Eisblock eingefroren und konserviert, 50 Jahre überwintert hatte, während die Braut und die Hochzeitsgäste den plötzlich während der

»roten Hochzeit« ausgebrochenen Brand nicht überlebt haben. Die angeblich völlig keimfreie utopische Welt der Zukunft erweist sich als so wenig attraktiv und gesichert, daß sich die im Jahre 1929 grassierenden Seuchen der Wichtigtuerei und der Speichelleckerei noch 50 Jahre später sogleich wieder ausbreiten und ebenso wie der Alkoholgenuß und die individuelle Liebe das so gut durchorganisierte, aber unerträglich langweilige Leben der Bewohner der Metropole zerstören und in Frage stellen. Zwar gelingt es am Ende dem Zoodirektor, Prisypkin zusammen mit der Wanze, dem anderen Relikt der alten Welt, in einen Käfig zu sperren, von dem aus dieser einem faszinierten Publikum angeblich längst überwundene ›kleinbürgerliche‹ Freuden und Laster wie das Gitarrenspiel und das Zigarettenrauchen vorführt. Jedoch endet die Komödie deshalb durchaus nicht optimistisch. Denn wie der Bürgermeister in Gogols »Revisor« wendet sich auch Prisypkin den Betrachtern auf der Bühne und dem Publikum im Zuschauerraum zu und identifiziert und entlarvt alle diese distanzierten Beobachter als enge Freunde und Verwandte:

> »Bürger! Brüder! Verwandte! Woher kommt ihr? Wieviele seid ihr? Wann haben sie denn euch alle aufgetaut? Wieso bin ich allein im Käfig? Meine Lieben, Brüder, kommt doch zu mir! Wofür leide ich denn? Bürger!«

Mit dieser direkten Wendung an das Publikum erreicht der satirische Impuls der Komödie seinen Höhepunkt. Ebenso wie der »Wanzus normalis, der sich mästet und vollsäuft am Körper eines einzelnen Menschen«, erweist sich auch der »Spiesserus vulgaris« als unausrottbar, weil sich das einzelne Individuum auch unter den sehr anderen Lebensbedingungen der kollektivistischen Zukunftsgesellschaft als außerordentlich anfällig erweist, sobald es wieder mit den Lastern bzw. den persönlichen Bedürfnissen der vergangenen Welt in Berührung kommt.

Diese im Stück bereits angelegte und von Meyerhold in

seiner Inszenierung noch besonders hervorgehobene Ambivalenz, die den agitatorischen Charakter der satirischen Komödie noch verstärkt, ist von der zeitgenössischen Kritik sofort erfaßt und entsprechend negativ beurteilt worden. Zumindest einige der einflußreichen Theaterkritiker zeigten sich darüber empört, daß Majakowskij das kleinbürgerliche Denken und Verhalten seiner Figuren als »eine Angelegenheit der Menschheitsgeschichte, charakteristisch für eine unbestimmt lange geschichtliche Periode« dargestellt habe und damit auf eine positive Lösung des Konflikts bewußt verzichtete. Vor allem aber wurde die ironisch verfremdete Darstellung der Zukunftsgesellschaft zurückgewiesen, die von vielen Kritikern ohne jede ästhetische Distanz betrachtet und mit der offiziell proklamierten klassenlosen sozialistischen Gesellschaft gleichgesetzt wurde:

> »Die Darstellung der Menschen in der Zukunftsgesellschaft hat einen ziemlich unangenehmen, man möchte fast sagen, antisowjetischen Beigeschmack. Diese Leute sind alle gleich, in standardisierten Anzügen, dürr, gesichtslos, mechanisch, automatisch. Der Sozialismus Majakowskijs ist ein Sozialismus der Vegetarier und der Enthaltsamen.«

Eine derartige, durch den abstrakten, konstruktivistischen Inszenierungsstil zweifellos begünstigte Deutung wird den Intentionen Majakowskijs und Meyerholds in keiner Weise gerecht. Denn beide beabsichtigten gerade nicht, dem Zuschauer am Ende eine ideale oder sogar vorbildliche sozialistische Gesellschaft vorzuspiegeln, da sie den Aufbau des Sozialismus als eine unabschließbare Aufgabe betrachten, die nur durch das ganz persönliche Engagement und die freiwillige Anstrengung jedes einzelnen zu lösen sei. Deshalb bezog sich die Satire ebenso auf den Kleinbürger und seine egoistischen und beschränkten Lebensinteressen wie auf die stalinistische Parteibürokratie, die mit revolutionären Phrasen über die kommunistische Gesellschaft der Zukunft und unrealistischen ökonomischen Plänen und Programmen die zunehmenden Schwierigkeiten beim Aufbau des »Sozialismus in einem Lande« zu verschleiern versuchte.

Obgleich Majakowskij und Meyerhold bei der Inszenierung des *»Schwitzbads«* (1929) die agitatorisch-propagandistische Tendenz noch sehr viel stärker herausgearbeitet hatten, um das Theater als »eine Arena für die Propagierung des Fünfjahresplans« zu nutzen, war die Reaktion sowohl des Publikums wie vor allem der offiziellen Literaturkritik noch sehr viel negativer. Diese einhellige Ablehnung läßt sich indessen, wie zuletzt K. Rudnickij in seiner Monographie über Meyerhold festgestellt hat, nicht in erster Linie mit dem zentralen Thema und Angriffsobjekt der Satire erklären, sondern hat vor allem ästhetische Gründe. Die schonungslose Kritik an den bürokratischen Verzerrungen und Entstellungen des Sowjetstaats hätte man zumindest bei einem so anerkannten und politisch für die Revolution engagierten Autor wie Majakowskij vermutlich akzeptiert oder sogar begrüßt, wenn Majakowskij seine Komödie nicht zugleich zu einer bitterbösen, ironischen Abrechnung mit seinen literarischen und kulturpolitischen Gegnern genutzt hätte. Zwar richtet sich die Komödie auf den ersten Blick vor allem gegen die großen und kleinen Bürokraten und Administratoren, die die kühne Konstruktion einer ›Zeitmaschine‹ in ihren Kanzleien zu verzögern oder sogar zu verhindern versuchen und deshalb im »Schwitzbad« gleichsam einer gründlichen Säuberung unterzogen werden, da die offiziellen Säuberungsaktionen der Partei wirkungslos geblieben sind. Jedoch erstreckt sich die Satire zugleich auf so anerkannte Repräsentanten des kulturellen und wissenschaftlichen Lebens wie den Dichter Maxim Gorkij oder den Präsidenten der Akademie der Kunstwissenschaften, P. S. Kogan; sie konnte daher, anders als die *»Wanze«*, nicht länger als ein rein phantastisches, fiktionales Werk betrachtet und toleriert werden. Vor allem aber entsprach das »Drama in

sechs Akten mit Zirkus und Feuerwerk« in keiner Weise den traditionalistischen Prinzipien eines psychologischen Realismus, wie er – im Vorgriff auf den späteren sozialistischen Realismus – gegen Ende der 20er Jahre von den Vertretern der Assoziation der proletarischen Schriftsteller zum Dogma erhoben wurde. Denn Majakowskij und Meyerhold hatten den allmächtigen Bürokraten Pobjedonosikow und seinen Sekretär Optimistenko, aber auch die ›positiven‹ Gegenfiguren wie den Erfinder der Zeitmaschine Tschudakow und die Phosphoreszierende Frau in so stark hyperbolisierter und grotesker Gestalt auf die Bühne gebracht, daß sich das *»Schwitzbad«* noch weniger als die *»Wanze«* als eine – wenn auch kritische – Widerspiegelung der zeitgenössischen Realität betrachten und interpretieren ließ.
Schon durch die phantastische Handlungsführung, die darin gipfelt, daß die Phosphoreszierende Frau vor ihrer rasenden Fahrt in eine unwirkliche kommunistische Welt alle Bürokraten als gleichsam unnötigen Ballast zurückläßt, um nur die »opferbereiten Arbeiter« und die »unermüdlichen Erfinder« mitzunehmen, wird ein Spruchband bestätigt, das Majakowskij im Zuschauerraum hatte aufhängen lassen:

> »Stell Scheinwerfer auf, daß die Rampe Licht hat.
> Dreh auf, daß die Handlung fliegt ohne Rast.
> Das Theater ist kein widerspiegelnder Spiegel,
> Sondern ein scharfes Vergrößerungsglas.«

Zudem wurden in dem in die Komödie eingefügten »Spiel im Spiel« die ästhetischen und politischen Konzepte und Überzeugungen der einflußreichsten Kritiker der späten 20er Jahre einer so scharfen Kritik unterzogen, daß diese sich von Majakowskij ebenso getroffen fühlen mußten wie der allmächtige Bürokrat Pobjedonosikow. Denn Majakowskij ließ diesen die späteren Einwände der Kritiker gewissermaßen schon vorwegnehmen, wenn er, noch in der Komödie selbst, dem Regisseur entgegenhielt:

»Das ist alles zu dick aufgetragen, im Leben ist das nicht so. Solche Menschen gibt es bei uns gar nicht – das ist unnatürlich, lebensfremd, unähnlich. Das muß man umarbeiten, mildern, poetisieren, abrunden. (...) Man muß auch die hellen Seiten unserer Wirklichkeit zeigen. Irgendetwas Vorbildliches herausgreifen, zum Beispiel die Institution, in der ich arbeite, oder zum Beispiel mich.«

Eben diese Einwände gegen das Stück hat dann auch der Kritiker W. W. Jermilow, den Majakowskij vermutlich mit diesen Sätzen ganz direkt zu treffen versucht hatte, in einer Kritik der Komödie und der Aufführung tatsächlich vorgebracht, die in der »Prawda« erschien und die weitere Rezeption und Beurteilung weitgehend vorwegnahm. Gegenstand der Satire sollte nach Jermilovs Überzeugung der »lebendige Mensch« mit allen seinen schlechten und guten Eigenschaften sein, also der Bürokrat als Individuum, nicht jedoch ein System von sozialen Beziehungen, also der Bürokratismus, wie es Majakowskij in stark hyperbolisierter Form und mit bewußter Einseitigkeit auf die Bühne gebracht hatte.

Die einhellige Ablehnung des *»Schwitzbads«,* die Majakowskij noch wenige Monate vor seinem Selbstmord zur Kenntnis nehmen mußte, signalisiert aber zugleich einen kulturpolitischen Umschwung, von dem ein Satiriker wie Bulgakow, der um die Mitte der 20er Jahre ebenfalls als Komödien-Autor hervorgetreten war, in gleicher Weise betroffen war. Die literarische Satire und insbesondere das satirische Schaustück sollte und durfte sich seit dem Ende der 20er Jahre nur noch gegen einzelne Mißstände und gegen das normwidrige Verhalten einzelner Mitglieder der sozialistischen Gesellschaft richten, nicht jedoch gegen die staatliche und gesellschaftliche Ordnung im ganzen, die Majakowskij mit den Mitteln eines grotesk-hyperbolisierenden Stils und durch die Kontrastierung mit einer phantastischen Gegenwelt in doppelter

Weise zu treffen versucht hatte. Das abstrakte, ins Irreale und Inhumane verfremdete Bild einer kommunistischen Zukunft, das Majakowskij in der *»Wanze«* entworfen und im *»Schwitzbad«* durch die Figur der Phosphoreszierenden Frau zu symbolisieren versucht hatte, entsprach gerade nicht dem offiziell propagierten Fortschrittsoptimismus, der nun auch dem Satiriker abverlangt wurde.

Die restriktive stalinistische Kulturpolitik hat sich insbesondere auch auf die weitere Entwicklung der satirischen Komödie verhängnisvoll ausgewirkt. Die Doktrin des sozialistischen Realismus und die wenig später den Dramatikern und Regisseuren aufoktroyierte »Theorie der Konfliktlosigkeit« führte dazu, daß sich die Theater entweder darauf beschränkten, eher harmlos-komische Zwischenfälle aus dem Privatleben der sowjetischen Bevölkerung auf die Bühne zu bringen oder aber die westlichen, kapitalistischen Gesellschaften und ihre ›dekadente‹ Kultur zu attackieren und zu entlarven. Die Rezeptions- und Wirkungsgeschichte von Jewgenij Schwarz' satirischen Märchenkomödien *»Der nackte Kaiser«* (1934), *»Der Schatten«* (1940) und *»Der Drache«* (1944) zeigt indessen, daß auch eine dezidiert gegen Hitler und den Nationalsozialismus gerichtete Satire unter den Bedingungen des Stalinismus auf unüberwindbare Schwierigkeiten stieß. Denn die Zensoren in den Staatsverlagen und den von der Partei kontrollierten Repertoire-Komitees stellten nicht ohne Grund fest, daß der in der Form des satirischen Märchens vorgetragene Angriff gegen die nationalsozialistische Diktatur und ihre Folgen gleichzeitig auch als versteckte Kritik an dem eigenen Tyrannen und dem von ihm beherrschten politischen und gesellschaftlichen System aufgefaßt werden konnte. Aus diesem Grunde ist nur der *»Schatten«* bereits im Jahre 1940 in Moskau uraufgeführt worden, während die beiden anderen satirischen Märchenkomödien erst in den frühen 60er Jahren – und selbst dann nicht unangefochten – inszeniert werden konnten.

Inwieweit diese doppelte Zielrichtung der Satire von Jewgenij Schwarz selbst beabsichtigt war, ist noch nicht mit letzter Sicherheit geklärt. Jedoch zeigt bereits die genaue Lektüre des *»Drachen«* und erst recht seine aufschlußreiche Rezeptionsgeschichte, daß die Zensoren im Jahre 1944 mit Recht davon ausgehen mußten, das Publikum werde das Märchen über den grausamen Drachen und über seinen Nachfolger, den ebenso tyrannischen, aber überdies auch noch feigen und hinterlistigen Präsidenten der vom Drachen befreiten Stadt, als allegorische Darstellung Stalins und der von ihm unterdrückten sowjetischen Bevölkerung auffassen. Zwar verweisen schon die deutschen Namen und Amtstitel der Figuren sowie die nur leicht verschlüsselten Anspielungen auf die Judenverfolgungen, die Überraschungsangriffe der Armee und die Siegesmeldungen und Durchhalteparolen darauf, daß sich der *»Drache«,* ebenso wie bereits der *»Nackte Kaiser«,* eindeutig gegen Hitler und das nationalsozialistische Deutschland richtete. Und auch die Tatsache, daß der eigentliche Held der Märchenkomödie, der Ritter Lanzelot, am Ende doch noch rechtzeitig zurückkehrt, um die Tyrannei des Stadtpräsidenten zu beenden, der sich selbst als Drachentöter ausgegeben hatte, sollte offenbar den nahen Sieg der Roten Armee und der westlichen Alliierten über das faschistische Deutschland symbolisieren. Jedoch wird durch diese konkreten ›realistischen‹ Bezüge der abstrakt-allegorische Sinn des Stücks nicht so eindeutig festgelegt wie es zunächst scheint. Denn der Gegenstand der Satire ist durchaus nicht nur der grausame Drache, der mißtrauische Stadtpräsident und sein feiger Sohn Heinrich, sondern vor allem auch die von allen diesen Machthabern eingeschüchterte Stadtbevölkerung, die den Präsidenten der Stadt wider besseres Wissen als Drachentöter anerkennt und die von ihm und seiner Geheimpolizei ausgeübte Diktatur ebenso bereitwillig erträgt wie die Schreckensherrschaft des von Lanzelot besiegten Drachen. Wie bereits bei Saltykow-Stschedrin und bei Platonow richtet sich auch bei Schwarz die Satire ebenso gegen die Machthaber und die von ihnen errichtete diktatorische Schreckensherrschaft wie gegen ihre Untergebenen, die sich nur zu bereitwillig den verschiedensten Formen der Unterdrückung, der Lüge und der staatlich verordneten Heldenverehrung unterwerfen, um ihre eigene Sicherheit und Existenz nicht zu gefährden. Da von dem Vorwurf der Feigheit und des Opportunismus ausdrücklich nur Elsa, die Geliebte und spätere Frau Lanzelots, der der historischen Wahrheit verpflichtete Archivarius und ein kleines, für seine Taten noch nicht verantwortliches Kind ausgenommen werden, ließ sich der *»Drache«* zugleich auch als bittere Abrechnung mit dem Stalinismus und seinen unzähligen freiwilligen und unfreiwilligen Anhängern interpretieren. Nicht umsonst gipfelt der letzte Dialog zwischen Elsa und dem gerade noch rechtzeitig zurückgekehrten Märchenhelden in der Feststellung Lanzelots:

> »Uns steht eine schwierige und penible Arbeit bevor, die schlimmer ist als jede Stickerei. In jedem von ihnen müssen wir den Drachen töten.«

Vor allem dieser zweideutigen Aufforderung Lanzelots ist es wohl zuzuschreiben, daß das Stück erst 18 Jahre nach seiner Fertigstellung, im Mai 1962, seine erste wirkliche Premiere erlebte, nachdem es 1944 nach einer einzigen Nachmittagsvorstellung vom Spielplan abgesetzt wurde. Zusammen mit der Veröffentlichung von Solschenizyns berühmter Lagererzählung »Ein Tag aus dem Leben des Iwan Denisowitsch« und den antistalinistischen Gedichten von Jewgenij Jewtuschenko konnte und sollte es die zweite Entstalinisierungskampagne begleiten und unterstützen, die Chruschtschow nur wenige Monate zuvor, auf dem 22. Parteitag, ausgelöst hatte. Von der offiziellen Kritik ist indessen diese verspätete Aufführung kaum oder nur mit großen Vorbehalten zur Kenntnis genommen worden. Und schon wenige Monate später wurde das Stück wegen seiner »ambivalenten ideologischen Aussage« bereits scharf kritisiert und bald darauf erneut von den Spielplänen abgesetzt. Die wenigen, meist erfolglosen Versuche von Studentenbühnen, das Stück in den 60er Jahren noch einmal aufzuführen, haben nicht verhindern können, daß der *»Drache«* erst durch die Inszenierungen in der DDR, in Polen und in verschiedenen westlichen Ländern die Resonanz und Anerkennung gefunden hat, die ihm – zusammen mit den übrigen satirischen Märchenkomödien von Jewgenij Schwarz – zukommt.

VII

Satire als negative und positive Utopie

Das Problem der Kunst und des individuellen Schreibens in Samjatins Zukunftsroman »*Wir*«. Ilja Erenburgs kulturrevolutionärer Zeitroman »*Julio Jurenito*«. Der Sieg der sozialistischen Gesellschaft über das selbstbezogene Individuum in Ilf/Petrows satirischem Abenteuerroman »*Das goldene Kalb*«.

Daß die russischen Satiriker nicht erst seit dem Stalinismus ihre Skepsis beziehungsweise offene Ablehnung gegenüber dem offiziell proklamierten Fortschritt in der Form der negativen Utopie zum Ausdruck brachten, zeigt vielleicht am eindringlichsten Jewgenij Samjatins Zukunftsroman »*Wir*« aus dem Jahre 1920. Zwar unterscheidet sich Samjatins Antiutopie dadurch von den späten Komödien und Verssatiren Majakowskijs, daß auf die zeitgenössische sowjetische Wirklichkeit und Kultur sowie auf die marxistische Geschichtstheorie nur mit einigen wenigen Hinweisen und eher versteckten Anspielungen Bezug genommen wird. Jedoch hat die neuere Samjatin-Forschung überzeugend nachweisen können, daß dieser bis heute in der Sowjetunion nicht publizierte abstrakte Entwurf einer totalitären Zukunftsgesellschaft gleichwohl bereits eine frühe literarische Replik auf die von Politikern und bestimmten schriftstellerischen Vereinigungen gemeinsam propagierte Vision einer kommunistischen Zukunftsgesellschaft darstellt.

Schon der Romantitel »*Wir*« verweist nicht nur auf die kollektivistische Philosophie und Gesellschaftstheorie, wie sie gerade während des sogenannten »Kriegskommunismus«, unmittelbar nach der Oktoberrevolution, von Partei und Regierung vertreten und verbreitet wurde. Mit ihm wird zugleich ironisch auf die emphatischen Deklarationen der russischen Futuristen und der Mitglieder der Proletkult-Bewegung angespielt, mit denen sich diese – ungeachtet aller ästhetischen Differenzen – gemeinsam gegen die bürgerlich-individualistische Kunst und Dichtung der vorrevolutionären Vergangenheit wandten. Auch wenn die Funktion der Kunst und die Situation des Schriftstellers nur ein zentrales Thema dieser frühen negativen Utopie darstellt, scheint mir eine Interpretation am adäquatesten zu sein, die das Problem des individuellen Denkens und Schreibens in den Mittelpunkt rückt. Denn Samjatins Zukunftsroman ist nur äußerlich betrachtet ein phantastischer und utopischer Abenteuerroman, in dem nacheinander die unerwartet aufbrechende Leidenschaft eines Mathematikers und Ingenieurs für eine faszinierende Frau, die gemeinsame Verschwörung und Revolte gegen den totalitären Staat und schließlich deren blutige Unterdrückung geschildert werden. Von zentraler Bedeutung für das Verständnis des Textes ist die Tatsache, daß dem Leser des Romans das gesamte Geschehen in der Form der Tagebuchaufzeichnung vermittelt wird: auf diese Weise kann gerade auch durch den Stil der Darstellung die innere Entwicklung festgehalten und aufgedeckt werden, die der Verfasser dieser Tagebuchaufzeichnungen im Laufe des Geschehens und im Prozeß des Schreibens durchlebt.

Zunächst versucht sich der Mathematiker und Ingenieur, der statt eines Namens nur die Nummer D-503 trägt, darauf zu beschränken, aus der offiziellen Staatszeitung zu zitieren oder zumindest nur die Eindrücke und Erlebnisse festzuhalten, die allen Bewohnern des Alleinigen Staates gemeinsam sind und die sie miteinander verbinden. Jedoch muß er bereits am Ende seiner ersten Tagebuchaufzeichnung feststellen, daß ihm weder ein panegyrisches Loblied auf den Alleinigen Staat und seinen allmächtigen »Wohltäter« noch eine neutrale, überindividuelle Schilderung der Ereignisse und Lebensbedingungen gelingt:

»Ich schreibe diese Zeilen auf und merke: meine Wangen glühen. Das ist wahrscheinlich das gleiche, was eine Frau empfindet, wenn sie zum ersten Mal den Herzschlag eines neuen, noch ganz winzigen und blinden Menschen in sich spürt. Dieses Werk – das bin ich und zugleich nicht ich. Lange Monate werde ich es noch mit meinem Blut nähren, um es dann unter Schmerzen von mir loszureißen und dem Alleinigen Staat darzubringen. Aber ich bin bereit wie jeder von uns oder fast jeder von uns. Ich bin bereit.«

Schon diese knappe Passage zeigt, wie sich der an exaktes Denken gewöhnte Mathematiker zunächst dazu zwingt, möglichst sachbezogen und reflektiert zu schreiben, bald jedoch feststellen muß, daß sich seine Subjektivität gerade im Akt des Schreibens nicht unterdrücken und ausschalten läßt. Auf diese Weise ergibt sich aus den verschiedenen Tagebuchaufzeichnungen ein äußerst komplizierter poetischer Text, der sich einerseits aus objektiven und entsprechend kontrolliert aufgezeichneten Fakten und Beobachtungen, andererseits sehr persönlichen Erfahrungen und Bekenntnissen zusammensetzt. Am Ende muß der Verfasser der Tagebuchaufzeichnungen selbst konstatieren, daß er – gegen seine ursprünglichen Absichten – nicht eine informative und sachbezogene Schilderung des Einheitsstaates vorgelegt, sondern seine eigene »Krankheitsgeschichte« niedergeschrieben hat. Denn die Begegnung mit einer ihm zuvor ganz unbekannten Frau mit der Nummer I-330 hat sein gesamtes Leben und Empfinden so stark geprägt und verändert, daß sich sogar in ihm, dem ganz auf exaktes Denken eingestellten Mathematiker, eine »Seele« herausbilden beginnt. Auf diese Weise verliert D-503 in zunehmenden Maße die Kontrolle über sich selbst und schließt sich, zusammen mit seiner Geliebten, den Rebellen gegen den Alleinigen Staat an.

Aber obgleich die Revolte am Ende blutig niedergeschlagen wird und sich auch D-503 einer Operation unterziehen muß, durch die ihm seine Phantasie und Subjektivität endgültig genommen wird, endet Samjatins negative Utopie nicht so hoffnungs- und perspektivelos, wie es zunächst scheint. Das von den Rebellen verursachte »Chaos« ist nur teilweise und provisorisch unter die

Kontrolle des Staates gebracht. Auch unter der »Glasglocke« gibt I-330 nicht die »Nummern« der übrigen Rebellen preis, von denen sich überdies einige hinter die »Grüne Mauer«, in einen der Kontrolle des Alleinigen Staates noch nicht unterworfenen Bezirk, haben flüchten können. Dort aber wird voraussichtlich ein Kind von D-503 zur Welt kommen, dessen Phantasie und Einbildungskraft erhalten geblieben ist. Vor allem aber zeigen die den Text konstituierenden Tagebuchaufzeichnungen selbst, daß auch unter den Bedingungen einer totalitären, kollektivistisch organisierten Gesellschaft eine vollständige Unterdrückung des individuellen Denkens und der poetischen Sprache nicht möglich ist. Sie legen die Vermutung nahe, daß sich insbesondere die für den totalitären Staat unverzichtbaren Erfinder und Konstrukteure immer wieder unkontrollierbare Freiräume schaffen werden, um ihre sehr subjektiven Erfahrungen, Empfindungen und Reflexionen aufzuzeichnen und der Nachwelt zu überliefern.

Insofern bestätigt gerade auch die äußere und innere Form des Romans das dialektische Geschichtsverständnis von Samjatin, das er im Roman selbst von I-330 in folgender Weise zusammenfassen und auf den Begriff bringen läßt:

> »Es gibt zwei Kräfte in der Welt – Entropie und Energie. Die eine schafft selige Ruhe und glückliches Gleichgewicht, die andere führt zur Zerstörung des Gleichgewichts, zu qualvoll-unendlicher Bewegung.«

Dieses dialektische Gesetz, von dem die Natur, die Geschichte und die Entwicklung der Kunst und Literatur in gleicher Weise beherrscht werden, kann nach Samjatins Überzeugung nicht in einer ›Synthesis‹ aufgehoben und zur Versöhnung gebracht werden. Damit erweist sich aber auch die Auffassung des Mathematikers, daß es keine weiteren Revolutionen mehr geben könne, als gefährliches Vorurteil und unbegründete Illusion. Denn er wird schon von seiner Geliebten, später aber auch durch das von ihm selbst aufgezeichnete Geschehen davon überzeugt, daß die Zahl der revolutionären Bewegungen ebenso unendlich ist wie die Abfolge der mathematischen Zahlen.

Obwohl sich Samjatins negative Utopie nicht nur wegen einzelner unübersehbarer Hinweise auf »unsere Revolution«, die allmächtige Geheimpolizei oder den »glatzköpfigen Wohltäter« auch als konkrete Satire interpretieren läßt, geht sein Zukunfsroman über eine kritische Abrechnung mit dem frühen Bolschewismus und dem jungen Sowjetstaat weit hinaus. »Statt das bereits Realisierte und Bekannte zu generalisieren und satirisch zu geißeln, werden generelle Tendenzen, ›Perspektiven‹ und ›Prätentionen‹ eines Anfangsstadiums konkretisiert. (...) Aber so sehr hier die Phantasie die historische Realität überschießt, konzipiert sie in diesem Fall die utopische Fiktion nicht als einen von aller ›Empirie‹ abgesetzten, phantastischen Idealzustand, sondern als eine in der historisch-politischen Wirklichkeit selbst angelegte, als Zielsetzung gegebene und realisierbare Möglichkeit.« (Ju. Striedter) Gerade dadurch aber, daß sich Samjatins negative Utopie nicht so direkt wie Huxleys *»Brave New World«* oder Orwells *»1984«* auf konkrete gesellschaftliche Systeme wie den Stalinismus oder die spätkapitalistische Massengesellschaft bezieht, gewinnt der Roman eine universelle Bedeutung, die die verschiedenartigsten Konkretisationen und Interpretationen durch den Leser erlaubt und geradezu herausfordert.

Die Aktualität und der ästhetische Reiz von Samjatins Zukunftsroman läßt sich indessen nicht allein mit dieser ›Offenheit‹ des utopischen Entwurfs erklären, sondern hat nicht zuletzt auch stilistische Gründe. Durch die stark komprimierte Ausdrucksweise, die elliptische Syntax und einen ungewöhnlichen Reichtum an Assoziationen, Allusionen und Reminiszenzen wirken die Tagebuchaufzeichnungen des Mathematikers D-503 auch heute noch erstaunlich modern und zeitgemäß. Und es ist nicht zuletzt dieser avantgardistischen literarischen Technik zuzuschreiben, wenn der Roman, dessen vollständiger Text zum ersten Mal 1952 in New York publiziert worden ist, erst in den 70er Jahren eine Vielzahl von stark voneinander abweichenden Interpretationen erfahren hat.

Obgleich Ilja Erenburgs kulturrevolutionärer Zeitroman *»Julio Jurenito«* (1922) in einem sehr viel traditionelleren, stark publizistisch ausgerichteten Stil verfaßt ist, wird er mit Recht als einer der bedeutendsten satirischen Romane aus den frühen 20er Jahren betrachtet. Im Gegensatz zu vielen anderen Autoren beschränkt sich Erenburg nämlich ausdrücklich nicht darauf, die kapitalistischen Staaten und Gesellschaften und die von ihnen hervorgebrachte ›dekadente‹ Kultur als eine Welt des Zerfalls darzustellen und zu demaskieren. Vielmehr richtet sich die zynische Ironie und der satirische Spott des in Mexiko aufgewachsenen Revolutionärs mit derselben Schärfe gegen die neue sowjetische Staats- und Gesellschaftsordnung, die nur als erste, wenn auch unumgängliche Etappe der Weltrevolution betrachtet wird. Jurenito versteht sich selbst als »Provokateur« und »großer Geburtshelfer der Weltgeschichte« und stellt deshalb alle bereits etablierten gesellschaftlichen und kulturellen Systeme radikal in Frage, ohne allerdings konkrete Verbesserungsvorschläge oder Alternativen anzubieten. Er versammelt statt dessen um sich sieben »Jünger«, die zugleich die wichtigsten und einflußreichsten Nationen in West und Ost und die gesamte abendländische Kultur repräsentieren. Dabei wird von ihm die heuchlerische Verknüpfung von Religion und Kapital des Amerikaners Mister Cool ebenso entlarvt wie der Ordnungsfanatismus des Deutschen Karl Schmidt oder die zur bloßen Phrase verkommenen Selbstreflexionen des Russen Alexej Tischin, da alle diese Einstellungen und Verhaltensweisen aus seiner Sicht nichts anderes als den unvermeidlichen »Untergang des Abendlandes« anzeigen. Für Jurenito haben sich sowohl der Erste Weltkrieg als auch die Oktoberrevolution als völlig unzureichend erwiesen, um das elementare Bedürfnis der gesamten Menschheit nach »Freiheit« und »Harmonie« zufriedenzustellen. In einer kühnen Parodie der berühmten Großinquisitor-Legende aus Dostojewskijs *»Brüdern Karamasow«* wird deshalb auch noch Lenin von Jurenito der Vorwurf gemacht, nicht radikal und konsequent genug vorgegangen zu sein, so daß auch in Rußland die ursprünglichen Ziele der Revolution nicht in die Wirklichkeit umgesetzt worden seien. Allerdings zeigt gerade der Dialog zwischen dem vereinsamten und ängstlichen »Kapitän« der Sowjetmacht und dem zynischen, jeden Kompromiß ablehnenden Revolutionär Jurenito, daß die Position des Mexikaners nicht ohne weiteres mit der des Autors oder auch nur der Romanfigur Ilja Erenburg identifiziert werden darf. Denn ebenso wie in Samjatins negativer Utopie wird auch in *»Julio Jurenito«* die Funktion der Kunst und die Situation des Künstlers zum eigentlichen Prüfstein der neuen gesellschaftlichen Ordnung. Als Jurenito dem kommunistischen Machthaber vorhält, auch in der neuen Gesellschaft die alte bürgerliche Kunst mit ihren metaphysischen Illusionsbildungen zu tolerieren, beschränkt sich dieser auf die Feststellung, daß ihm selbst die Kunst völlig gleichgültig sei, da sie nichts zur ökonomischen Wiederherstellung des Landes und zum Aufbau des Sozialismus beitrage. Durch eben diesen perspektivelosen Ökonomismus und prinzipienlosen Pragmatismus sieht jedoch Jurenito die ursprünglichen Ziele der Revolution nicht weniger gefährdet als durch die frühere kapitalistische Gesellschaftsordnung. Nachdem ihm durch die Einführung der »Neuen Ökonomischen Politik« die Weltrevolution endgültig vertagt, wenn nicht verraten zu sein scheint, entschließt sich Jurenito zum Selbstmord. Daraufhin verlassen aber auch seine sieben »Jünger« Rußland, um sich wieder in die »gemütliche Hölle« beziehungsweise das »schlecht gelüftete Paradies« des Kapitalismus zu begeben.

Obleich mit der Rückkehr der »Jünger« in das »ruhige, gleichmäßige, gleichsam tausendjährige Leben« auch Erenburgs Roman als negative Utopie endet, verzichtet der Chronist Ilja Erenburg, der sich zunächst bewußt darauf beschränken wollte, die Lebensgeschichte Jurenitos und seiner »Jünger« aufzuzeichnen, nicht auf eine emphatische Schlußapotheose:

»Natürlich werde ich sterben, ohne die wilden Felder mit den Tänzen und dem kindlich sinnlosen Lachen der endlich befreiten Menschen gesehen zu haben. Aber jetzt streue ich die Samen dieser fernen Gräser – Wermut, Johanniskraut und Minze – aus. Das Unvermeidliche wird kommen, ich glaube daran, und allen, die es erwarten, allen meinen Brüdern ohne Gott, ohne Programm und ohne Ideen, den Nackten und Verachteten, die nur den Wind und den Skandal lieben, gilt mein letzter Kuß.«

Inwieweit dieser revolutionäre Schlußappell auch nur von den damaligen Lesern des Romans ernstgenommen worden ist, läßt sich heute kaum mehr entscheiden. Der unvermittelte und durch das vorausgehende Romangeschehen in keiner Weise motivierte Umschlag der negativen in eine positive Utopie läßt sich meines Erachtens nur daraus erklären, daß der eben erst dreißigjährige Erenburg fünf Jahre nach der Oktoberrevolution um jeden Preis an einem utopischen Endziel der Geschichte festzuhalten versuchte, nachdem er als Satiriker die unüberbrückbare Kluft zwischen dem Ideal und der gesellschaftlichen Wirklichkeit in aller Schärfe und Kompromißlosigkeit aufgedeckt hatte.

Der optimistische Schluß hat indessen nicht verhindern können, daß Erenburgs erster und berühmtester satirischer Roman nur in den 20er Jahren von den Lesern und Literaturkritikern geschätzt und anerkannt wurde, während er seit dem Beginn des Stalinismus völlig in Vergessenheit geriet. Als der Text 1962 auch in der Sowjetunion wieder veröffentlicht wurde, fehlten zwar nicht die verschiedenen satirischen Anspielungen auf den frühen Sowjetstaat, wohl aber das Kapitel »Der Großinquisitor außerhalb der Legende«. Denn in diesem hatte Erenburg nicht nur Lenins Wendung vom radikalen Revolutionär zum pragmatischen Staatsmann in aller Offenheit und ironischen Zuspitzung attackiert. Er hatte zugleich die Diskrepanz zwischen der nur vermeintlichen Diktatur des Proletariats und einer auf »Freiheit« und »Harmonie« gegründeten Gesellschaft aufgedeckt. Diese Form der positiven Utopie war indessen vielleicht noch mit Trotzkijs Theorie der permanenten Revolution, nicht aber mit Stalins Konzeption vom »Aufbau des Sozialismus in einem Lande« zu vereinbaren.

Die satirischen Abenteuerromane *»Zwölf Stühle«* und *»Das goldene Kalb«*, die gegen Ende der 20er Jahre von den Autoren I. Ilf und E. Petrow gemeinsam verfaßt und zuerst 1928 bzw. 1931 veröffentlicht wurden, markieren zugleich den Höhepunkt und vorläufigen Abschluß innerhalb der Entwicklung des sowjetischen satirischen Romans. Auch seit der Entstalinisierung ist, soweit ich sehe, zumindest in der Sowjetunion selbst kein Werk mehr erschienen, in dem eine ähnliche »satirische Totalisierung einer ganzen Epoche« (J. Ebding) geleistet worden ist, wie sie dem Leser insbesondere durch das *»Goldene Kalb«* vermittelt wird. Da sich im Zusammenhang mit diesem Text überdies das prinzipielle Problem diskutieren läßt, inwieweit sich die satirische Entlarvung mit einer ›positiven‹ Auflösung der dargestellten Probleme und Konflikte vereinbaren läßt, beschränkt sich die folgende knappe Präsentation und Analyse bewußt auf *»Das goldene Kalb«*. Denn obgleich sich der Roman thematisch und stilistisch unmittelbar an die *»Zwölf Stühle«* anschließt, läßt er sich durchaus als selbständiges und in sich abgeschlossenes Werk interpretieren.

Nicht allein die Tatsache, daß Ostap Bender, die Zentralfigur des Romans, typische Züge des Picaro aufweist, sondern auch die ganz auf diesen Helden und seine Abenteuer bezogene Handlungsführung hat bereits die zeitgenössische Literaturkritik dazu veranlaßt, *»Das gol-*

dene Kalb« der Tradition des klassischen Schelmenromans zuzurechnen. Eine solche Zuordnung ist insofern zutreffend, als auch im *»Goldenen Kalb«* das Motiv der Reise aufgegriffen und dazu verwandt wird, ein satirisches Gesamtporträt der späten 20er Jahre zu entwerfen. Dabei werden die verschiedenen Stationen und Episoden dieser Reise eher additiv aneinandergereiht, so daß die einzelnen Kapitel des Romans relativ selbständig bleiben und zu verallgemeinernden Kommentaren des Erzählers oder des zentralen Helden genutzt werden können. Die relativ offene Struktur des Romans hat zur Konsequenz, daß sich das Interesse des Lesers nicht ausschließlich auf das spannend erzählte, abenteuerliche Sujet richtet. Ähnlich wie in Gogols *»Toten Seelen«* wird vielmehr die eigentliche Romanhandlung immer wieder durch ausführliche ironische ›Abschweifungen‹ unterbrochen. In ihnen werden die vorausgehenden Darstellungen der neuen sowjetischen Bürokratie, der selbstzufriedenen und selbstgenügsamen Auftragsmaler oder der partei- und staatstreuen Journalisten und Schriftsteller vom Erzähler oder von Ostap Bender noch einmal spöttisch kommentiert und verallgemeinert. Auf diese Weise bildet Benders zunächst durchaus erfolgreiche Jagd nach dem Millionär Korejko und seinen unrechtmäßig erworbenen Millionen gleichsam nur den äußeren erzählerischen Rahmen für eine ironisch-satirische Schilderung der sowjetischen Wirklichkeit, deren innere Widersprüche in einem humoristisch, teilweise auch stark feuilletonistisch gefärbten Stil aufgedeckt werden. So wird etwa der »Herkules«, ein riesiges sowjetisches Staatsunternehmen, das in einem früheren Hotel untergebracht ist, in folgender Weise karikiert, um die unmittelbare Beziehung zwischen den bürokratischen Auswüchsen der Gegenwart und der bürgerlichen Vergangenheit der Räumlichkeiten und seiner neuen Insassen zu kennzeichnen:

»So sehr sich auch die oft wechselnden Vorgesetzten bemühen mochten, dem ›Herkules‹ den Hotelgeist auszutreiben, es wollte ihnen einfach nicht gelingen. So oft auch die Hausmeister die alten Aufschriften übermalten, sie schauten überall wieder hervor. Bald sprangen einem in der Warenabteilung die Worte ›Chambres separées‹ entgegen, bald machten sich auf der matten Glastür des Maschinenraums die Wasserzeichen ›Diensthabendes Stubenmädchen‹ bemerkbar, dann zeigten sich an den Wänden die goldenen Zeigefinger mit der Aufschrift ›Pour les dames‹. Überall trat das Hotel wieder an die Oberfläche. (...) Der Leiter des gesamten ›Herkules‹, der Genosse Polytschajew, war im früheren Wintergarten untergebracht und seine Sekretärin, Serna Michajlowna, huschte zwischen den erhalten gebliebenen Palmen und Maulbeerbäumen hin und her. Und seit kurzer Zeit hatte sich im Zimmer 262, wo sich einst ein kleiner Büffetraum befunden hatte, eine Säuberungskommission in Gestalt von acht unauffälligen Genossen mit grauen Augen niedergelassen. Sie kamen ebenfalls pünktlich jeden Tag hierher, um irgendwelche dienstlichen Schriftstücke durchzuarbeiten.«

Wenn der Roman von Ilf und Petrow trotz solcher durchaus gelungener satirischer Passagen insgesamt dennoch in keiner Weise an sein literarisches Vorbild, Gogols *»Tote Seelen«,* heranreicht, so liegt dies nicht allein an dem teilweise eher langatmig und umständlich wirkenden Stil des Erzählens, sondern hat nicht zuletzt auch thematisch-ideologische Gründe. Denn, anders als bei Gogol, wird die scharfe und präzise Kritik an den durch die »Neue Ökonomische Politik« bedingten eher bürgerlichen Lebens- und Bewußtseinsformen im letzten Teil des Romans stark zurückgenommen und relativiert. Ilf und Petrow lassen den zunächst so erfolgreichen Betrüger Ostap Bender am Ende selbst zu der Einsicht gelangen, daß ihm unter den Bedingungen der neuen, sozialistischen Gesellschaft die von Korejko erpreßte Million kaum etwas nützt. Er wird wegen seines Reichtums von den übrigen Mitgliedern dieser Gesellschaft nicht einmal mehr beneidet, sondern nur verachtet und muß überdies die Erfahrung machen, daß sogar die wenigen noch existierenden Luxusrestaurants und Luxushotels den vom Staat und von der Regierung geförderten Delegationen und Kollektiven vorbehalten sind. Nachdem ihm auch die

Flucht über die rumänische Grenze mißlungen ist und ihm die Zollbeamten seine gesamten Reichtümer abgenommen haben, entschließt er sich schließlich zur Rückkehr nach Sowjetrußland. Resigniert stellt Bender am Ende fest, daß er sich unter diesen Bedingungen wohl mit dem Posten eines Hausverwalters in der neuen sozialistischen Gesellschaft begnügen müsse, in der inzwischen die ersten Fünfjahrespläne angelaufen und die ersten ehrgeizigen Industrialisierungsprojekte erfolgreich verwirklicht worden sind.

Dieser unvermittelte Umschlag der Satire in eine positive Utopie bleibt vor allem deshalb wenig überzeugend, weil Ilf und Petrow die Überlegenheit der neuen gesellschaftlichen Ordnung zusätzlich durch positive Gegenfiguren wie die enthusiastischen Stoßarbeiter oder die jungen Studenten zu symbolisieren versucht haben, die bereits auf die späteren »positiven Helden« des sozialistischen Realismus vorausweisen. So endet der spannende und unterhaltsame satirische Abenteuerroman als sozialistische Idylle. Obgleich Bender dem vielfachen Millionär und erklärten Gegner des Sozialismus Korejko zumindest eine seiner vielen Millionen abgenommen hat, erscheint er schließlich selbst als der »betrogene Betrüger«. Zwar lassen ihn Ilf und Petrow am Ende ihres Romans noch einmal ausdrücklich feststellen, daß ihn auch nach dem Scheitern seiner ehrgeizigen Pläne das »Problem der sozialistischen Umformung des Menschen in einen Engel und Sparkasseneinleger« nur wenig interessiere. Jedoch gipfelt der Roman gleichwohl in dem eher unglaubwürdigen Sieg des Kollektivs über das selbstbezogene, anarchistische Individuum, das sich vergeblich der ›objektiven‹ Logik des historischen Prozesses zu widersetzen versucht hat. Zudem erweisen sich gegen Ende des Romans auch die bürokratischen Entstellungen der sowjetischen Gesellschaft, anders als bei Majakowskij, als relativ leicht zu überwindende Relikte (perežitki) der vorrevolutionären, bürgerlichen Vergangenheit. Sie haben den Aufbau des Sozialismus in Sowjetrußland unter den Bedingungen der »Neuen Ökonomischen Politik« zwar erschwert und verlangsamt, nicht aber prinzipiell in Frage gestellt.

Ungeachtet der eher konventionellen humoristischen Schreibweise und der kaum zu übersehenden ideologischen Zugeständnisse an die stalinistische Literaturkritik und Kulturpolitik der frühen 30er Jahre konnte *»Das goldene Kalb«* erst erscheinen, nachdem sich Gorkij persönlich für die Veröffentlichung des Romans eingesetzt hatte. Während er von den Lesern offenbar mit großer Begeisterung und Zustimmung aufgenommen wurde, reagierte die offizielle Literaturkritik auch in diesem Falle zurückhaltend oder sogar ablehnend. Sie befürchtete, daß sich der Leser von dem »ungewöhnlich gewandten, kühnen, Aphorismen und Paradoxe versprühenden Schelm Ostap Bender« so faszinieren lassen könnte, daß er den Schluß des Romans als aufgesetzt und die positiven Gegenfiguren als zu blaß und schematisch empfinden werde.

Die Originalität und der ästhetische Reiz der Satire beruht indessen eben darauf, daß zumindest Ostap Bender auch noch als »betrogener Betrüger« den Errungenschaften der neuen sozialistischen Gesellschaft eher skeptisch gegenübersteht. Auf diese Weise wird der Leser nicht darauf festgelegt, die Niederlage des zynischen und prinzipienlosen Individualisten als gerechte Strafe oder als zwangsläufige Folge der historischen Entwicklung zu verstehen und anzuerkennen. Vielmehr kann er sich durchaus auch noch am Schluß des Romans mit Ostap Bender und seiner spöttisch-ironischen Einstellung gegenüber der neuen sozialistischen Wirklichkeit identifizieren. Allerdings wird eine solche Lektüre den ursprünglichen Intentionen der beiden Autoren zweifellos nicht gerecht, die schon durch den Titel ihres satirischen Romans die Überlegenheit des Sozialismus über das »Goldene Kalb« des Kapitalismus zum Ausdruck zu bringen versuchten.

VIII

Die Verdrängung der Satire im Stalinismus

Die Kanonisierung des sozialistischen Realismus. M. Sostschenkos *»Himmelblaubuch«* als Beispiel einer positiv-optimistischen Satire. A. Schdanows polemische Abrechnung mit Sostschenko und ihre Konsequenzen. Die satirischen Partien in M. Bulgakows philosophischem Roman *»Der Meister und Margarita«*.

Seit den frühen 20er Jahren ist von Schriftstellern, Kritikern und Kulturpolitikern immer wieder die Frage erörtert worden, ob die literarische Satire auch noch nach der Oktoberrevolution als ein legitimes Mittel betrachtet werden dürfe, um die fortbestehenden politischen und gesellschaftlichen Widersprüche des neuen sowjetischen Staates aufzudecken. Im Rahmen dieser verschiedenen Grundsatzdiskussionen, die in den Jahren 1923, 1927 und 1929 stattfanden, haben sich nur wenige Kulturfunktionäre ausdrücklich gegen eine Fortsetzung und Erneuerung der Satire-Tradition des 19. Jahrhunderts ausgesprochen. Denn auch noch während des frühen Stalinismus wurde die literarische Satire als ein besonders geeignetes und wirkungsvolles Instrument betrachtet, um die von der Parteiführung propagierte »Kritik und Selbstkritik« der neuen Klasse und der neuen Gesellschaft zu unterstützen.

Diese offizielle Anerkennung der literarischen Satire ändert indessen nichts daran, daß die Satiriker von der restriktiven stalinistischen Kulturpolitik besonders hart und nachhaltig betroffen waren. Während sich noch Majakowskij 1923 ausdrücklich auf den Hinweis beschränkte, daß die literarische Qualität der sowjetischen Satire erheblich gesteigert werden müsse, damit sich ihre Funktion nicht länger auf bestimmte agitatorische oder propagandistische Aufgaben beschränkte, spielten gegen Ende der 20er Jahre politische und ideologische Überlegungen und Wertkriterien eine immer größere

Rolle. So wurde bereits 1929 der Gegenstandsbereich und die Zielsetzung der sowjetischen Satire darauf festgelegt, entweder die kapitalistischen Gesellschaften im Westen oder aber das bürokratische und kleinbürgerlich-unpolitische Denken und Verhalten der eigenen Bevölkerung zu attackieren. Jedoch wurden die Autoren gleichzeitig davor gewarnt, den neuen sowjetischen Menschen mit dem Kleinbürger zu identifizieren, da eine solche Gleichsetzung mit den politischen und ideologischen Auffassungen und Zielvorstellungen der Partei und Regierung nicht zu vereinbaren war. Die forcierte Industrialisierung sowie die Kollektivierung der Landwirtschaft sollte zwar gerade auch von den Satirikern möglichst direkt unterstützt werden. Jedoch hatten auch sie – bei aller Kritik an einzelnen Fehlern und bürokratischen Entstellungen – den Aufbau des »Sozialismus in einem Lande« als eine Aufgabe zu schildern, die durch die gemeinsamen Bemühungen der Partei, der Regierung und der Bevölkerung zu lösen sei. Diese Funktionsbestimmung der Satire, durch die die ausschließliche Negativität der Kritik durch eine positive Zukunftsperspektive gleichsam ausgeglichen oder sogar aufgehoben werden sollte, verweist bereits auf die Doktrin des sozialistischen Realismus, die von Gorkij auf dem I. Allunionskongreß der sowjetischen Schriftsteller im April 1934 folgendermaßen erläutert und begründet wurde:

»Ohne die gewaltige Leistung des kritischen Realismus leugnen zu wollen und bei aller Wertschätzung seiner formalen Errungenschaften in der Kunst der Wortmalerei, müssen wir begreifen, daß wir diesen Realismus nur brauchen, um die Überreste der Vergangenheit darzustellen, um sie zu bekämpfen und auszumerzen. Diese Form des Realismus hat der Erziehung der sozialistischen Individualität nicht gedient und kann ihr nicht dienen. Denn sie kritisierte alles und bejahte nichts, oder aber sie kehrte schlimmstenfalls zur Bejahung dessen zurück, was sie bereits negiert hatte. (...)

Der sozialistische Realismus bejaht das Dasein als Handeln, als schöpferische Tätigkeit, deren Ziel die ständige Entwicklung der wertvollsten individuellen Fähigkeiten des Menschen für den Sieg über die Naturkräfte ist, für ein gesundes und langes Leben, für das große Glück auf der Erde zu leben, die der Mensch entsprechend seinen ständig wachsenden Bedürfnissen in eine schöne Wohnstätte der zu einer Familie vereinigten Menschheit verwandeln will.«

Die heute fast schon parodistisch anmutende Rhetorik dieser Ausführungen ändert nichts daran, daß nicht allein Gorkij, sondern auch die meisten übrigen Teilnehmer des Schriftstellerkongresses eine so schematische, ausschließlich ideologisch begründete Gegenüberstellung von kritischem und sozialistischem Realismus für zutreffend und zeitgemäß hielten oder zumindest tolerierten. Sollte doch durch sie die prinzipiell andere Ausrichtung der neuen sozialistischen Kunst und Literatur hervorgehoben und begründet werden. Sie bestand durchaus nicht nur nach Gorkijs Überzeugung darin, daß der sozialistische Realismus den Leser oder Betrachter mit Optimismus erfüllen und um jeden Preis von der Überlegenheit des Sozialismus über die bürgerlich-kapitalistische Gesellschaft überzeugen sollte. Dieser ideologischen und sozialpädagogischen Ausrichtung der sowjetischen Kunst und Literatur wurde eine so zentrale Bedeutung zugemessen, daß sie in dem gemeinsam verabschiedeten Statut des Schriftstellerverbands in der folgenden knappen Formel zusammengefaßt wurde:

»Der sozialistische Realismus, der die Hauptmethode der sowjetischen Literatur und Literaturkritik darstellt, fordert vom Künstler eine wahrheitsgetreue, historisch-konkrete Darstellung der Wirklichkeit in ihrer revolutionären Entwicklung. Wahrheitstreue und historische Konkretheit der künstlerischen Darstellung muß mit den Aufgaben der ideologischen Umgestaltung und Erziehung der Werktätigen im Geiste des Sozialismus verbunden werden.«

Die Konsequenzen, die sich aus dieser nun auch offiziell verordneten »Parteilichkeit«, »Ideenhaftigkeit« und »Volkstümlichkeit« für die Satire und den Satiriker ergaben, lassen sich an der literarischen Entwicklung und dem persönlichen Schicksal von Michail Sostschenko besonders eindrucksvoll ablesen. Hatte doch Sostschenko bereits vor der offiziellen Kanonisierung des sozialistischen Realismus versucht, die satirische Darstellung noch bestehender Mängel und Widersprüche mit dem von Partei und Regierung verlangten Optimismus in Einklang zu bringen. Nachdem ihn Gorkij dazu angeregt hatte, eine humoristisch und satirisch ausgerichtete »Kulturgeschichte der Menschheit« zu verfassen, legte Sostschenko bereits 1934 mit dem *»Himmelblaubuch« (Golubaja kniga)* eine »kurze Geschichte der menschlichen Beziehungen« vor, die den Leser von der Überlegenheit und der humanisierenden Wirkung der neuen sowjetischen Gesellschaft überzeugen sollte.

Diese moralisch-didaktische Gesamtintention wird von Sostschenko bereits im Vorwort hervorgehoben, in dem er die blaue Farbe seines Buches als eine Farbe »der Hoffnung, der Bescheidenheit und der Jugend« bezeichnet und dem Leser schon im voraus versichert, daß seine neuen Geschichten sehr viel stärker von »Freude und Hoffnung als von Spott und Ironie« geprägt seien. Dieser Absicht entsprechend werden in vier größeren Kapiteln zunächst die negativen Auswirkungen des Geldes, des Betrugs, der egoistischen und berechnenden Liebe und verschiedener unglücklicher Zwischenfälle beschrieben. Diesen eher abschreckenden Beispielen aus Geschichte und Gegenwart stellt Sostschenko in einem fünften Abschnitt »Erstaunliche Ereignisse« gegenüber, an denen die Opferbereitschaft und das persönliche Glück des sowjetischen Menschen beziehungsweise die positiven Auswirkungen der neuen gesellschaftlichen Ordnung demonstriert werden. Dieser schon durch die Gesamtkonzeption des *»Himmelblaubuchs«* bedingte Schematismus wird indessen noch dadurch gesteigert, daß Sostschenko seine eher harmlosen historischen Anekdoten oder komisch-humoristischen Kurzgeschichten mit zusätzlichen Kommentaren und Erklärungen versieht, in denen er dem Leser ein bestimmtes Verständnis der vorausgehenden Erzählungen nahelegt oder die schwierige und verantwortungsvolle Aufgabe des Satirikers zu erläutern versucht:

> »Wir Satiriker sind, sage ich, sozusagen nicht Menschen, sondern Hunde. Aber wenn man einmal, ganz allgemein gesprochen, etwas tiefer darüber nachdenkt, ist doch auch dieser Beruf notwendig und nützlich im gesellschaftlichen Sinne. Er weist die Dummen zurecht und warnt die Klugen vor dummen Handlungen. Er erweitert den Horizont und mobilisiert die Aufmerksamkeit des einen oder anderen für den Kampf mit diesem oder jenem. Er illustriert Entscheidungen und Anordnungen dieser oder jener Art und bringt auf diese Weise einen gewissen Nutzen im Sinne der Umerziehung der menschlichen Kader. Insofern, das wird doch wohl keiner bestreiten, ist dieser Beruf im höchsten Grade doch nicht so ganz besonders unnütz. Das einzige, sage ich, dieser Beruf ist deshalb nicht ganz so schön, weil er seinem Besitzer nicht sehr viele sorglose Freuden einbringt.«

Diese Selbstrechtfertigung, mit der Sostschenko in humoristischer Form an den antiken Topos über das schwere Schicksal des Satirikers anknüpft, ist in doppelter Hinsicht aufschlußreich. Zum einen betont der Erzähler die moralische und gesellschaftliche Verpflichtung des Satirikers und verschleiert nicht, daß die Satire inzwischen bestimmte »Entscheidungen und Anordnungen zu illustrieren« habe, die von einer höheren Instanz bereits getroffen worden sind. Andererseits verzichtet jedoch Sostschenko auch in diesen eher diskursiven Partien des *»Himmelblaubuchs«* nicht ganz auf den früheren skas-Stil, um die Selbstreflexionen und Selbstzweifel des Satirikers in einem eher komischen Licht erscheinen zu lassen und die Ernsthaftigkeit seiner Aussagen zu relativieren. Allerdings wird die für den skas-Stil charakteristische Imitation mündlicher Rede und die Perspektive eines naivgutmütigen Erzählers nicht länger streng durchgehalten. Vielmehr schaltet sich in die stilisierte Rede des Erzählers immer wieder der Autor Sostschenko selbst ein, um in unmißverständlicher Form die große Verantwortung und gesellschaftliche Verpflichtung des Satirikers bei der »Umerziehung der menschlichen Kader« zum Ausdruck zu bringen. Auf diese Weise wird dem Leser zunächst der Eindruck vermittelt, die Rechtfertigungsversuche des ängstlichen und mit seinem Beruf eher unzufriedenen Satirikers nicht recht ernstnehmen zu müssen. Aber er stellt bald darauf fest, daß die Satire jetzt tatsächlich auf einen bestimmten, entsprechend fest fixierten »gesellschaftlichen Auftrag« festgelegt wird, um ihren Anspruch gegenüber den Lesern und gegenüber der Literaturkritik neu zu begründen und zu legitimieren.

Einige wenige gelungene komische oder zumindest amüsante Kurzgeschichten, die im *»Himmelblaubuch«* zu verschiedenen Zyklen zusammengefaßt sind, ändern nichts daran, daß das Werk als positiv-optimistische Satire im ganzen nicht überzeugt. Denn sogar die bereits in den 20er Jahren entstandenen und in das *»Himmelblaubuch«* übernommene Erzählungen hat Sostschenko in der Weise überarbeitet und verändert, daß sie den ästhetischen und ideologischen Postulaten des sozialistischen Realismus weitgehend entsprachen. Durch das obligatorische »Happy-End« und die aufdringliche moralisch-didaktische Tendenz verlieren die einzelnen kurzen Texte weitgehend ihre Selbständigkeit und ihren ästhetischen Reiz. Überdies hat Sostschenko die Sprache des Erzählers und der Figuren möglichst stark der normierten Literatursprache angenähert, um auch auf dieser Ebene den kulturellen Wandel und Fortschritt in der sozialistischen Gesellschaft zu demonstrieren. Der einzelne satirische Text beschränkt sich auf diese Weise darauf, eher harmlose und relativ leicht zu überwindende Abweichungen von der »idealen Norm« zu schildern und mit gutmütiger Ironie zu verspotten. Das »Himmelblaubuch« im ganzen bietet ein vornehmlich positiv-optimistisches Porträt der Gegenwart und der sozialistischen Zukunft und wurde wohl vor allem deshalb nicht allein von Gorkij, sondern auch von der zeitgenössischen Literaturkritik überwiegend positiv beurteilt.

Sostschenkos intensive Bemühungen, auch noch die

Satire den ästhetischen und ideologischen Normen des sozialistischen Realismus anzupassen, haben indessen nicht verhindern können, daß er 1946 vom Zentralkomitee der Partei als Verleumder der sowjetischen Wirklichkeit verdammt und aus dem sowjetischen Schriftstellerverband ausgeschlossen wurde. Der die Kulturpolitik der Nachkriegszeit weitgehend bestimmende Sekretär des Zentralkomitees A. A. Schdanow nahm die Veröffentlichung einer eher harmlosen Kindergeschichte zum Anlaß, um Sostschenko erneut seine »ideologische Neutralität, Banalität und unpolitische Einstellung« vorzuwerfen und auch von den übrigen sowjetischen Schriftstellern eine noch konsequentere »Parteilichkeit« zu verlangen.

Dieser von Schdanow herbeigeführte Beschluß des Zentralkomitees hat wesentlich dazu beigetragen, daß bis zu Stalins Tod in der Sowjetunion keine literarisch anspruchsvolle Satire mehr erscheinen konnte. Zwar wurden von der Parteiführung und der offiziellen Literaturkritik immer wieder »sowjetische Gogols und Saltykow-Stschedrins« gefordert. Jedoch sorgte insbesondere die sogenannte »Theorie der Konfliktlosigkeit« dafür, daß diese Forderung in keiner Weise eingelöst wurde. Derselbe Kritiker, der nach einer weiteren großangelegten Diskussion über die sowjetische Satire im Jahre 1949 die mangelnde Schärfe und den geringen Erkenntniswert der zeitgenössischen Satire beklagte, wies die Autoren gleichzeitig mit großem Nachdruck darauf hin, daß die sowjetische Satire »lebensbejahend« und »optimistisch« ausgerichtet sein müsse. Die »Überbleibsel des Kapitalismus im Bewußtsein der Menschen« seien inzwischen bereits so weitgehend überwunden, daß auch vom Satiriker verlangt werden dürfe, »unsere Wahrheit, unsere Lebensweise und unsere Ideale in der harten Auseinandersetzung mit der kapitalistischen Unwahrheit zum Ausdruck zu bringen und zu verteidigen.«

Durch diese und ähnliche Forderungen wurde aber den

russischen Satirikern endgültig der Freiraum genommen, der ihnen noch in den 20er und frühen 30er Jahren zugestanden worden war. Sie hatten sich auf die Darstellung und Kritik einiger weniger Relikte aus der vorrevolutionären Vergangenheit zu beschränken. Oder sie mußten sich auf die Aufdeckung der Mängel und moralischen Verfehlungen konzentrieren, die von der Zensur und der offiziellen Literaturkritik als vereinzelte, nicht länger für die gesamte sowjetische Gesellschaft typische Abweichungen von der »idealen Norm« gewertet werden konnten.

Die literarische Entwicklung von Michail Bulgakow und insbesondere sein Roman *»Der Meister und Margarita«* zeigen indessen, daß sich auch während des Stalinismus die Satire nicht vollständig verdrängen oder den Prinzipien des sozialistischen Realismus unterordnen ließ. Zwar konnte der Roman, an dem Bulgakow in den Jahren 1928–1940 arbeitete, erst 1966/67 in einer stark zensurierten Fassung erscheinen. Aber nachdem der vollständige Text bald darauf zunächst im Westen, 1973 auch in der Sowjetunion veröffentlicht worden war, wurde der Roman übereinstimmend als das bedeutendste literarische Werk aus der Zeit des Stalinismus betrachtet und auf die unterschiedlichste Weise interpretiert. Dabei ist vor allem von E. Proffer darauf hingewiesen worden, daß sich Bulgakows Roman nicht im ganzen als Satire bezeichnen lasse, da eine solche Klassifizierung der thematischen und stilistischen Vielfalt des Werks nicht gerecht werde. Jedoch ist das Werk nicht allein von ihr, sondern auch von anderen Kritikern und Literaturwissenschaftlern mit Recht in die Gattungstradition der menippeischen Satire eingeordnet worden. Ließ sich doch durch eine solche Zuordnung die ungewöhnliche Kombination von realistischen, phantastischen, philosophischen und satirischen Passagen und Stilmitteln erklären, die den Roman auszeichnet und ihn mit der antiken Menippee und den Romanen Dostojewskijs verbindet.

Zumindest die komplizierte und nur schwer zu durchschauende Gesamtkomposition des Werks entspricht weitgehend den Kriterien, die M. Bachtin für die Menippee und – genereller – für die sogenannte »karnevalisierte Literatur« entwickelt hat: das Nebeneinander von philosophischem Dialog, hoher Symbolik, abenteuerlicher Phantastik und krassestem Naturalismus; die Zerstörung einer einheitlichen Raum-Zeit-Struktur; ein stark ausgeprägtes feuilletonistisches und zeitkritisches Interesse des Autors, das sich jedoch in der Menippee in der Regel mit der ernsthaften Diskussion überzeitlicher, philosophischer oder religiöser Probleme verbindet.

Auch in Bulgakows Roman ist es vor allem eine philosophische Grundidee, der ewige Kampf des Bösen mit dem Guten, die die verschiedenen Schauplätze und Handlungsstränge miteinander verknüpft. Diese philosophische Grundidee wird in den satirischen Partien des Romans dadurch zum Ausdruck gebracht, daß das amoralische Verhalten, die Angst und das gegenseitige Mißtrauen der Moskauer Bevölkerung in der Form der phantastischen Groteske geschildert werden. Mit der Figur des Woland läßt Bulgakow den Teufel selbst in die sowjetische Realität der 30er Jahre eindringen, um diese als eine in jeder Beziehung »verkehrte Welt« zu entlarven. So erweist sich etwa die Moskauer Bevölkerung als ebenso egoistisch und habgierig wie vor der Revolution, wenn sie sich wie besessen auf die Rubelscheine und eleganten Kleidungsstücke stürzt, die Woland in einer dämonischen Varieté-Vorstellung herbeizaubert. Die Bürokratie verfügt zwar inzwischen über eine gut organisierte Geheimpolizei, jedoch gelingt es ihr auch mit deren Hilfe nicht, Woland und seine Helfershelfer ausfindig zu machen und dem Teufelsspuk ein Ende zu setzen. Die Korruption ist so weit verbreitet, daß Woland trotz der konsequenten Überwachung der Bevölkerung ohne größere Schwierigkeiten seine Ziele durchzusetzen vermag. Vor allem aber bietet der Roman ein abschreckendes Bild des herrschenden Literaturbetriebs, das darauf hindeutet, daß nicht länger die Schriftsteller, sondern die Literaturkritiker und Kulturfunktionäre die Entwicklung von Kunst und Literatur bestimmen. Diese sind nämlich, zusammen mit den ebenso konformistischen Autoren, inzwischen in einer literarischen Massenorganisation, dem »Massolit«, vereinigt und verfügen über ein riesiges und komfortables Verbandshaus, das nur noch durch seinen Namen an Aleksandr Gribojedow, den Verfasser der berühmten satirischen Komödie »Verstand schafft Leiden« erinnert.

Die Administratoren des Gribojedow-Hauses interessieren sich kaum mehr für ihre eigentliche Aufgabe, die Entwicklung und Verbreitung der russischen Gegenwartsliteratur. Wie die Vertreter des sowjetischen Schriftstellerverbands sind auch die einflußreichen Funktionäre des »Massolit« vornehmlich damit beschäftigt, Sitzungen abzuhalten und die persönlichen Bedürfnisse der Mitglieder des Verbandes zufriedenzustellen. Nicht allein das im Gribojedow-Haus untergebrachte Luxusrestaurant, sondern auch die übrigen Amtsräume lassen erkennen, welche Privilegien inzwischen den Schriftstellern zugestanden werden, die ihre literarische Tätigkeit an den Forderungen des »Massolit« ausrichten:

»Hinter dem Amt für Wohnungsangelegenheiten bot sich dem Blick ein prächtiges Plakat: Über einen Felsen ritt ein Reiter, in eine Burka gehüllt, die Flinte auf den Schultern. Weiter unten aber sah man Palmen und einen Balkon. Und auf diesem Balkon saß ein junger Mann mit einer Haartolle, der mit flinken Augen in die Höhe blickte und einen Füllfederhalter in der Hand hielt. Unterschrift: Schöpferischer Urlaub mit Vollpension von zwei Wochen (Erzählung, Novelle) bis zu einem Jahr (Roman, Trilogie) in Jalta, Suuk-Su, Borowoje, Zichidsiri, Machindschauri und Leningrad (Winterpalais)«. (...)
»Weiter folgten, entsprechend den bizarren Biegungen, Steigungen und Senkungen des Gribojedow-Hauses, »Leitung des Massolit«, »Kasse Nr. 2, 3, 4, 5«, »Redaktionskollegium«, »Vorsitzender des Massolit«, »Billardzimmer« und verschiedene andere Diensträume. Jeder Besucher, sofern er nicht ein völliger Dummkopf war, merkte sofort, wie gut es die Glückspilze hatten, die Mitglieder der Massolit waren, und der schwarze Neid begann an ihm zu nagen. Unverzüg-

lich richtete er bittere Vorwürfe gen Himmel, daß dieser ihn bei seiner Geburt nicht mit einer literarischen Begabung ausgestattet hatte, ohne die er natürlich nicht einmal davon träumen durfte, in den Besitz des nach teurem Leder duftenden, mit Goldrand verzierten braunen Massolit-Ausweises zu gelangen, den man in ganz Moskau kannte.«

Diese Passage erinnert nicht umsonst stark an die bereits zitierte Schilderung des Staatsunternehmens »Herkules« aus dem *»Goldenen Kalb«* von Ilf und Petrow. Auch Bulgakow kam es offenbar darauf an, durch ein satirisches Gesamtporträt des Gribojedow-Hauses die unbegrenzte Macht der neuen Bürokratie sichtbar zu machen. Eine erhebliche Verschärfung des satirischen Angriffs ergibt sich allerdings daraus, daß durchaus nicht nur die administrativen Vertreter des Schriftstellerverbands, sondern auch die Schriftsteller selbst eine solche bürokratische Verwaltung ihrer literarischen Tätigkeit und ihres Privatlebens ausdrücklich begrüßen. Wollen sie doch schon längst nicht mehr auf die vielfältigen Privilegien verzichten, die ihnen ihre Mitgliedschaft im »Massolit« einbringt, einer Institution, mit der Bulgakow zweifellos ganz direkt auf den mächtigen sowjetischen Schriftstellerverband anspielt.

Ähnlich wie Samjatin in seinem Zukunftsroman *»Wir«* beschränkt sich jedoch auch Bulgakow nicht auf die satirische Darstellung der »verkehrten Welt« des Stalinismus. Mit der Figur des »Meisters« und seiner Geliebten Margarita werden auch von ihm Gegentypen entworfen, die dem herrschenden Literaturbetrieb und dem amoralischen Verhalten der Moskauer Bevölkerung in jeder Beziehung widersprechen. Hat sich doch der »Meister« auch durch denunziatorische Verleumdungskampagnen und Arbeitslager nicht davon abhalten lassen, im verborgenen an einem Roman zu arbeiten, in dem er die Verurteilung Christi durch Pontius Pilatus und die anschließende Kreuzigung zu schildern versucht. Zwar wird der Roman, der schon wegen seines Themas von den einflußreichen Redakteuren und Kritikern in Moskau abgelehnt wird, auch als Manuskript nicht mehr abgeschlossen. Jedoch findet der »Meister« kurz vor seinem Tode einen Schüler, der als Historiker die Geschichte des menschlichen Christus und seines feigen Richters Pontius Pilatus neu zu schreiben beabsichtigt, um sie vor dem Vergessen zu bewahren.

Vor allem aber scheint der Roman *»Der Meister und Margarita«* selbst die Überzeugung Wolands und des Autors Bulgakow zu bestätigen, daß »sich Manuskripte nicht verbrennen« lassen. In ihm manifestiert sich der Sieg des Wahren und des Guten über das Böse, und er widerspricht damit allen Versuchen von Partei und Regierung, das religiöse Denken, die Unabhängigkeit der Kunst und die Freiheit des Individuums zu unterdrücken. Ironischerweise ist es dabei der Teufel in der Gestalt des Woland, der den moralischen Widerstand einzelner Individuen gegen die Macht des Bösen und der Unterdrückung unterstützt und dem »Meister« und seiner Geliebten Margarita nach ihrem Tod eben die Ruhe und den Frieden verschafft, den sie in ihrem Leben nicht hatten finden können.

Dennoch läßt sich der Roman im ganzen nicht als »Comedy of Victory« bezeichnen. Wird doch der Leser im Epilog, wenn auch in stark ironisierter Form, darauf hingewiesen, daß für die Mehrheit der Bevölkerung der Auftritt des Teufels keine weiteren Folgen gehabt hat. Die Behörden versuchen durch Massenverhaftungen Woland in ihre Macht zu bekommen, obwohl dieser, zusammen mit seinen Helfershelfern, längst die sowjetische Hauptstadt verlassen hat. Einzelne Bürger stellen die unsinnigsten Mutmaßungen an, um eine rationale Erklärung für das unerwartete Eindringen des Phantastischen und Dämonischen in die Alltagswelt zu finden. Indessen widersprechen schon die satirischen Partien des Romans, vor allem aber die Kapitel der Pilatus-Handlung, allen Bemühungen, den ewigen und undurchschaubaren Kampf zwischen dem Guten und dem Bösen mit den Mitteln der menschlichen Logik zu erklären.

Auf diese Weise endet auch Bulgakows Roman *»Der Meister und Margarita«* als negative Utopie. Er richtet sich emphatisch gegen alle Versuche, die Religion, die Kunst, die Geschichtswissenschaft und das freie Denken und Handeln der Individuen den Machtinteressen des totalitären Staates unterzuordnen und auch noch die literarische Satire an den Prinzipien des sozialistischen Realismus auszurichten.

IX

Die offizielle und nichtoffizielle Satire der Nachkriegszeit

Der begrenzte Spielraum der sowjetischen Satire nach der Entstalinisierung: A. Jaschins *»Hebel«* und W. Schukschins *»Tüchtige Leute«*. A. Sinjawskijs Plädoyer für eine ›phantastische‹ Kunst. Zum Verhältnis von Humor und Satire bei W. Wojnowitsch. A. Sinowjews *»Gähnende Höhen«* als satirische Analyse des sowjetischen Gesellschaftssystems und seiner ideologischen Grundlagen.

Die Entstalinisierung und die mit ihr verbundenen verschiedenen »Tauwetter«-Perioden haben sich auf die Entwicklung der russischen Satire unmittelbar ausgewirkt. Nachdem Chruschtschow auf dem XX. Parteitag im Februar 1956 die »Überwindung des Personenkults und seiner Folgen« proklamiert hatte, erschien eine Vielzahl satirischer Texte, in denen sich vor allem die jüngere Schriftsteller-Generation mit der stalinistischen Vergangenheit kritisch auseinandersetzte. So wurde bereits gegen Ende des Jahres 1956 der schon bald heftig umstrittene Sammelband »Literaturnaja Moskwa« (Das literarische Moskau) veröffentlicht, in dem Autoren und Publizisten die Destruktion des sozialistischen Realismus fortsetzten, die Ilja Erenburg 1953 mit seinem »Tauwetter«-Roman eingeleitet hatte.

Indessen läßt schon Aleksandr Jaschins, im 2. Band dieses Sammelwerks enthaltene, Skizze *»Die Hebel«* (Ryčagi) erkennen, wie stark zunächst gerade die Satire den ästhetischen und ideologischen Normen des sozialistischen Realismus verpflichtet blieb. Der kurze Text zeigt zwar in aller Schärfe, wie sich der Vorsitzende einer Kolchose, der Lagerverwalter, eine junge Lehrerin und der Parteisekretär unmittelbar nach der Eröffnung ihrer Parteiversammlung in bloße »Hebel« der Partei verwandeln, nachdem sie sich zuvor noch in aller Offenheit über die Fehlplanungen und bürokratischen Entstellungen der übergeordneten Parteiinstanzen ausgesprochen haben.

Doch wird die kritische Darstellung dadurch erheblich abgeschwächt und relativiert, daß am Ende der Erzählung die junge Generation in das dörfliche Parteibüro eindringt, die dort herrschende stickige Atmosphäre verdrängt und sich aus dem Radio über die vielversprechenden Vorbereitungen für den XX. Parteitag informiert.

Trotz dieser nicht zu übersehenden Zugeständnisse an die Zensur und die Direktiven der offiziellen sowjetischen Kulturpolitik bietet der kurze Text ein eindringliches Bild der stalinistischen Parteibürokratie und ihrer Auswirkungen auf das private und öffentliche Leben der bäuerlichen Bevölkerung. Denn Jaschins Satire richtet sich ausdrücklich nicht länger gegen einzelne, besonders selbstbezogene und überhebliche Vertreter des Parteiapparates, sondern gegen ein hierarchisches System, das auch noch die einfachen Mitglieder einer Kolchose zu gefügigen Instrumenten der höheren Parteiinstanzen degradiert. Dementsprechend werden die äußeren und inneren Veränderungen, die mit der feierlichen Eröffnung der Parteiversammlung verbunden sind, ebenso detailliert wie ironisch geschildert:

> »Zipyschew stand auf und sprach eben die Worte, die in ähnlichen Fällen der Gebietssekretär der Partei benutzte, und sprach sogar mit derselben trockenen, strengen und verschwörerischen Stimme, mit der der Gebietssekretär die Versammlungen zu eröffnen pflegte:
> »Beginnen wir, Genossen! Sind alle anwesend?«
> Er sagte dies und schaltete gleichsam einen geheimnisvollen Mechanismus ein. Alles in der Hütte begann sich bis zur Unkenntlichkeit zu verändern – die Menschen, die Gegenstände und scheinbar sogar die Luft. (. . .) Die Gesichter aller wurden konzentriert, angespannt und zugleich gelangweilt, als würden sich die Menschen auf etwas längst Vertrautes, aber dennoch Feierliches und Wichtiges vorbereiten. Alles Alltägliche verschwand, das Geschehen verlagerte sich in eine andere komplizierte Welt, die diesen einfachen, herzlichen Menschen noch immer nicht vertraut war und nie ganz selbstverständlich werden würde.«

Wenn der Leser am Schluß der Erzählung noch einmal ausdrücklich darauf hingewiesen wird, daß sich alle Parteimitglieder nach dem Ende ihrer Versammlung wieder in »aufrichtige, herzliche Menschen« zurückverwandelt hätten, erreicht die Satire ihren Höhepunkt. Nicht der einzelne Funktionär, sondern das System als solches wird dafür verantwortlich gemacht, wenn auch noch in der Abgeschiedenheit des russischen Dorfes die einzelnen Individuen nur noch als »Hebel« fungieren, um sogar als falsch erkannte Entscheidungen und Weisungen der höheren Parteiinstanzen zu rechtfertigen und in die Praxis umzusetzen. Da überdies der Ort des Geschehens bewußt nicht genauer fixiert ist, gewinnt Jaschins Satire eine universale, symbolische Bedeutung, die bereits von der zeitgenössischen Literaturkritik sogleich bemerkt worden ist. Ebenso wie den meisten übrigen Mitarbeitern des Sammelbandes wurde auch Jaschin der Vorwurf gemacht, den Spielraum weit überschritten zu haben, der den sowjetischen Schriftstellern nach dem XX. Parteitag zugestanden wurde. Der eher aufgesetzt wirkende ›optimistische‹ Schluß änderte nichts daran, daß Jaschins satirische Skizze als prinzipielle Kritik an der zentralistisch aufgebauten Kommunistischen Partei verstanden wurde, von der die einzelnen Individuen nur als willenlose Instrumente eingesetzt würden, um die übergeordneten ökonomischen und politischen Ziele von Partei und Staat zu erfüllen.

Trotz der überwiegend negativen Reaktion der Literaturkritik und der Parteiführung auf den Sammelband »Literaturnaja Moskwa« hat die literarische Satire in den späten 50er und frühen 60er Jahren wieder eine so große Bedeutung erlangt, daß es Chruschtschow schon bald für erforderlich hielt, ihre Möglichkeiten und Grenzen genauer festzulegen. In einer Rede vom März 1963, in der er den sowjetischen Schriftstellern generell den Vorwurf machte, sich zu ausschließlich auf die negativen Seiten der zeitgenössischen Realität zu konzentrieren, stellte Chruschtschow unmißverständlich fest:

»Jedermann weiß, welche große Rolle die Satire, insbesondere die Fabel, in unserer Literatur spielt. Genosse Michalkow zum Beispiel schreibt häufig in diesem Genre. Die Satire ist wie ein scharfes Messer. Sie soll Auswüchse beim Menschen zeigen und sie wie ein guter Chirurg herausschneiden. Doch die Waffe der Satire muß man gut zu handhaben verstehen, ebenso wie ein Chirurg sein Messer, um eine schädliche Geschwulst zu beseitigen, ohne den Organismus zu verletzen. Hier ist Meisterschaft erforderlich. Wer diese Meisterschaft nicht besitzt, sollte die Finger davon lassen, sonst schadet er anderen und schneidet sich selbst in den Finger.«

Schon der von Chruschtschow gewählte Vergleich zwischen dem Satiriker und dem erfahrenen und vorsichtigen Chirurgen macht deutlich, wie begrenzt sogar auf dem Höhepunkt der Entstalinisierung und der mit ihr verbundenen kulturpolitischen Liberalisierung der Spielraum blieb, der der offiziellen sowjetischen Satire eingeräumt wurde. Einzelne, genau zu lokalisierende Mängel und Unzulänglichkeiten der zeitgenössischen Gesellschaft oder persönliche Fehler oder Schwächen ihrer Mitglieder konnten zwar jetzt in aller Offenheit aufgedeckt und attackiert werden. Doch sollte von den Satirikern auch weiterhin die äußere und innere Struktur dieser Gesellschaft und die sie beherrschenden Institutionen von Partei und Staat nicht angegriffen oder in Frage gestellt werden. Anders als im Stalinismus wurde zwar nicht länger eine positiv-optimistische Satire gefordert, durch die der Leser zumindest am Schluß von der Überlegenheit des Sozialismus zu überzeugen war. Jedoch hat die offizielle sowjetische Satire auch nach Stalins Tod niemals wieder die analytische Schärfe und Universalität erlangt, über die sie noch in den 20er Jahren verfügte.

Dieser begrenzte Spielraum, der der Satire in der Gegenwart und jüngsten Vergangenheit zugestanden wird, läßt sich exemplarisch an der Erzählung *»Tüchtige Leute«* (Ėnergičnye ljudi) von Wassilij Schukschin ablesen, die 1974 veröffentlicht wurde und insbesondere durch ihre szenische Realisierung im Leningrader Gorkij-Theater eine relativ große Beachtung gefunden hat.

Schukschins Erzählung, die schon im Titel die Klischeevorstellungen des sozialistischen Realismus parodiert, knüpft unmittelbar an die Satire-Tradition des 19. Jahrhunderts an, wie sie von Gogol in seinen Komödien *»Die Spieler«* (Igroki) und *»Der Revisor«* begründet worden ist. Schon in seiner epischen Version ist auch Schukschins Text ganz auf den Schlußeffekt hin angelegt. Nachdem sechs trinkfeste Freunde die Ehefrau des Gastgebers und Wohnungsinhabers mit den verschiedensten Mitteln schließlich davon abgehalten haben, sie als Diebe beziehungsweise Hehler beim Staatsanwalt anzuzeigen und ins Gefängnis zu bringen, macht die völlig überraschend erscheinende Miliz dem lustigen Treiben ein jähes Ende. Wie am Schluß des »Revisor« sitzen alle, wie es ausdrücklich heißt, »still und regungslos« an dem mit Schnaps- und Weinflaschen bedeckten Tisch und werden als eben das entlarvt, was sie in Wirklichkeit sind: keine »tüchtigen Leute«, die ihr Schiebertum mit einem inoffiziellen ökonomischen Gesetz des Sozialismus zu begründen und zu rechtfertigen versuchen, sondern gewissenlose, egoistische Kleinbürger und Geschäftemacher, die es in der entwickelten sozialistischen Gesellschaft eigentlich nicht länger geben sollte.

Die Schärfe des satirischen Angriffs geht indessen weniger dadurch verloren, daß mit dem für alle unerwarteten Eintreffen der Miliz am Ende doch noch die Gerechtigkeit triumphiert. Viel entscheidender ist die Tatsache, daß die komischen, wie bei Gogol auf einige wenige Züge reduzierten und mit sprechenden Namen ausgestatteten Figuren noch kaum als typische Repräsentanten eines von Korruption, Diebstahl und Schiebertum geprägten politischen und ökonomischen Systems gelten können. Werden sie doch dem Leser beziehungsweise Zuschauer als eher gutmütige, wenn auch mit verschiedenen menschlichen Schwächen ausgestattete Figuren dargeboten, die sich zu Recht gegen die Denunziation der humorlosen und eifersüchtigen Ehefrau des Gastgebers zur Wehr setzen und damit fast auch Erfolg haben. Die von Schukschin als aktuelle Gesellschaftssatire konzipierte komödienhafte Erzählung reduziert sich auf diese Weise auf eine mit viel Ironie und Wortwitz versehene Farce, in der die Situationskomik den satirischen Impuls weitgehend verdrängt. Auf diese Weise wird die für Gogols Satire so charakteristische Verknüpfung von Komik und Tragik, das berühmte »Lachen durch Weinen« gerade nicht erreicht, obgleich sich Schukschin ganz direkt an diesem Vorbild orientiert. Der satirische Angriff richtet sich gegen die Verletzung einer dem Leser gut vertrauten und von der bestehenden Gesellschaft sanktionierten Norm, auch wenn in der Praxis immer wieder gegen diese verstoßen wird. Der Satiriker verfolgt ein bestimmtes, relativ genau fixiertes moralisch-didaktisches Ziel und bietet dem Leser beziehungsweise dem Theaterpublikum zugleich die Möglichkeit des befreienden Lachens, da er sich mit den dargestellten Figuren weitgehend identifizieren kann, auch wenn er deren Handeln und Verhalten nicht billigt.

Eben diese Orientierung an einer relativ klar umrissenen »idealen Norm« weisen die Satiren in der Regel nicht länger auf, die nur im »samisdat« verbreitet oder ausschließlich im Westen publiziert worden sind. Diese Werke, die deshalb oft einer zweiten, nichtoffiziellen Kultur zugerechnet werden, richten sich nicht länger gegen einzelne konkrete Mißstände und Widersprüche der bestehenden Gesellschaft, sondern gegen das politische, ökonomische und ideologische System im ganzen. Erst in diesen Werken wird der endgültige Bruch mit den Prinzipien des sozialistischen Realismus vollzogen, wie ihn Andrej Sinjawskij bereits 1956, am Ende seines Essays »Was ist der sozialistische Realismus?«, postulierte:

»Im Augenblick setze ich meine Hoffnung in eine phantastische Kunst mit Hypothesen statt eines Ziels, eine Kunst, in der das Groteske die realistische Schilderung des Alltagslebens ablösen wird. Sie entspricht dem Geist unserer Zeit am besten. Mögen die übertriebenen, grotesken Bilder von E. T. A. Hoffmann, Dostojewskij, Goya, Chagall und Majakowskij, der sozialistisch-realistischer war als alle anderen, und die Bilder anderer Realisten und Nicht-Realisten uns lehren, wie man mit Hilfe einer absurden Phantasie wahrhaftig sein kann.«

Zwar darf dieses Plädoyer für eine groteske, phantastische Kunst und Literatur, das Sinjawskij unter dem Pseudonym Abram Terz veröffentlichte, nicht ausschließlich auf die Satire bezogen werden. Doch zeigt vor allem Sinjawskijs und Julij Daniels (N. Arschaks) ebenfalls bis heute nicht in der Sowjetunion publizierte Prosa, welche neuen Möglichkeiten sich gerade dem Satiriker eröffnen, sobald er seine Darstellung nicht länger an der ›realistischen‹ Darstellung der sowjetischen Alltagswelt ausrichtet. So wird etwa in Sinjawskijs Kurzroman *»Der Prozeß beginnt«* (Sud idet, 1956) ein bis ins Absurde verfremdetes Bild des späten Stalinismus entworfen, das sich vor allem auf die von der Parteiführung inszenierten oder vorbereiteten Schauprozesse konzentriert. Aber obgleich sich Sinjawskijs Roman auf bestimmte, auch historisch belegte Ereignisse wie die angebliche Ärzte-Verschwörung des Jahres 1952 oder die Reaktionen der sowjetischen Bevölkerung auf Stalins Tod bezieht, bietet er im ganzen ein eher phantastisch-surrealistisches Bild einer von Angst, Unterdrückung und gegenseitigem Mißtrauen bestimmten Welt. Obwohl fast alle Figuren des Romans dem Mechanismus des Systems unterworfen bleiben, weil sie ihr Handeln und Verhalten an utopischen, von Partei und Staat verordneten Zielen und Direktiven ausrichten, beschreibt sie Sinjawskij mit einer so starken ironischen Distanz, daß ihre eigentliche, entfremdete Existenz sehr klar zum Ausdruck kommt. Nur der Verfasser des Romans selbst versteht seine Unabhängigkeit und moralische Integrität dadurch zu bewahren, daß er ausdrücklich darauf verzichtet, den ästhetischen und ideologischen Normen des sozialistischen Realismus zu entsprechen. Allerdings werden dem Leser im Epilog des Kurzromans gleichzeitig die Konsequenzen verdeutlicht, die derartige Abweichungen von der literarischen und politischen Norm für den Schriftsteller haben. Das Manuskript des Romans wird von der Geheimpolizei entdeckt und der Autor wird in ein Arbeitslager transportiert, wo er überraschend einigen der von ihm selbst geschaffenen Romanfiguren wiederbegegnet.

Obwohl Wladimir Wojnowitsch ursprünglich gehofft hatte, seinen pikaresken Roman *»Die denkwürdigen Abenteuer des Soldaten Iwan Tschonkin«* (1975/1979) in der Sowjetunion zu veröffentlichen, muß auch dieses Werk der nichtoffiziellen Satire zugerechnet werden. Der Roman, der schon mit seinem Titel auf J. Hašeks »Abenteuer des braven Soldaten Schwejk während des Weltkriegs« (1921–1923) verweist, knüpft zwar durch den anekdotisch-humoristischen Stil des Erzählens unmittelbar an die Tradition des europäischen Schelmenromans an und bietet insofern ein sehr viel weniger abstraktes, surrealistisches Bild der stalinistischen Vergangenheit. Jedoch richtet sich auch die Satire von Wojnowitsch gegen das politische und gesellschaftliche System als Ganzes und schildert dessen Auswirkungen auf das private und öffentliche Leben in der russischen Provinz. Mit der Titelfigur Iwan Tschonkin rückt Wojnowitsch einen Helden ins Zentrum des Romangeschehens, der direkt auf die Erzähltradition des russischen Volksmärchens verweist. Nur seine Einfalt und Weltfremdheit bewahren Tschonkin davor, sein Handeln und Verhalten ebenfalls an den politischen Zielen und ideologischen Normen der stalinistischen Gesellschaft zu orientieren, denen sich die meisten übrigen Figuren des Romans freiwillig oder unfreiwillig unterwerfen. Dadurch vermag sich Tschonkin den immer absurderen Anschuldigungen und Verdächtigungen der Geheimpolizei zu entziehen, die den naiven und gutmütigen russischen Soldaten mit einem besonders raffinierten Spion und Agenten der deutschen Abwehr verwechselt.

Die Wahl eines so positiven, trotz aller intellektuellen

Beschränktheit sympathischen Helden und der glückliche Ausgang seiner Abenteuer hat die Wojnowitsch-Forschung dazu veranlaßt, den Roman als »Comedy of Innocence« zu bezeichnen. Diese Klassifizierung ist insofern zutreffend, als durch sie der gutmütig-humoristische Stil des Erzählers hinreichend berücksichtigt wird, der in ausführlichen komisch-ironischen Abschweifungen und Kommentaren die verschiedenen Episoden des Geschehens aufeinander bezieht und dabei oft die begrenzte Perspektive des Helden übernimmt. Allerdings muß gleichzeitig gesehen werden, daß sich der ironisch-humoristische Stil der Darstellung und die satirische Wirkung des Textes nicht ausschließen, sondern bedingen. Da die verschiedenen Partien des Romans teilweise nur sehr äußerlich mit den »denkwürdigen Abenteuern des Soldaten Tschonkin« verbunden sind, bietet das Werk im ganzen ein ebenso komisches wie entlarvendes Porträt der sowjetischen Alltagswelt vor und nach dem Ausbruch des 2. Weltkriegs, in das ausdrücklich auch die staats- und parteitreuen Journalisten und Schriftsteller mit einbezogen werden.

Dabei sind allerdings die komisch-satirischen Schilderungen der bäuerlichen Welt und der russischen Provinz, die teilweise ganz direkt auf Gogols »Tote Seelen« verweisen, insgesamt überzeugender als die Kapitel, die sich auf Stalin oder Berija beziehen. Ähnlich wie in Solschenizyns Roman »Der erste Kreis der Hölle« werden an dem Diktator selbst und dem Chef der Geheimpolizei nur vereinzelte persönliche Züge und Schwächen aufgedeckt und verspottet, so daß sie in diesen Passagen gerade nicht als Repräsentanten eines von Terror und gegenseitigem Mißtrauen bestimmten politischen Systems erscheinen. Demgegenüber gelingt es Wojnowitsch, an den weniger prominenten Vertretern der Armee, der Geheimpolizei, der Partei und der Regierung die inneren Widersprüche und grausamen Folgen der stalinistischen Diktatur zu verdeutlichen. Allen diesen unfähigen, eingeschüchterten und gleichzeitig machtbesessenen Repräsentanten von Partei und Staat stehen der brave Soldat Tschonkin und seine ebenso gutmütig-naive Freundin Njura gegenüber, die am Ende den verschiedenen Verhaftungs- und Säuberungswellen entgehen. Durch ihr unpolitisches, fast schon weltfremdes Denken und Verhalten verkörpern sie eine andere, volkstümliche Lebensform und Kultur, die nach der Überzeugung von Wojnowitsch sogar durch den Stalinismus nicht zerstört werden konnte.

Obgleich bereits Wojnowitsch mit der *»Iwankiada«* (1975) auch eine stärker dokumentarisch ausgerichtete Satire auf die zeitgenössische sowjetische Gesellschaft verfaßt hat, ist es erst Alexander Sinowjew gelungen, die vielfältigen Mechanismen der nachstalinistischen Gesellschaft im ganzen aufzudecken und mit den Mitteln der Satire zu entlarven. Sein wichtigstes Werk, die *»Gähnenden Höhen«* (Zijajuščie vysoty, 1976), unterscheidet sich dadurch von der vorausgehenden Satiretradition, daß in ihm die etablierten Gattungsnormen des satirischen Romans radikal überschritten und aufgegeben werden. Noch konsequenter als Bulgakow in seinem Roman »Der Meister und Margarita« knüpft Sinowjew an die Tradition der menippeischen Satire an, um die »sozialen Gesetze« der sozialistischen Gesellschaft transparent zu machen und ihre determinierende Wirkung auf das Leben der Individuen aufzudecken. Zu diesem Zweck werden die Grenzen fiktionaler erzählender Prosa nicht länger respektiert, um in den Formen des pseudowissenschaftlichen Traktats, der literarischen Parodie, des Witzes und des unabgeschlossenen Dialogs die politischen, ideologischen und kulturellen Fundamente der sozialistischen Gesellschaft einer vernichtenden Kritik zu unterziehen.

Dabei bezieht sich diese Kritik nur noch äußerlich auf bestimmte Repräsentanten des Systems, die als unfähige, korrupte oder einfach zynische Verwalter der Macht entlarvt werden. In Wirklichkeit richtet sich die Satire Sinowjews gegen das gesamte, auf Lügen und unglaubwürdigen Zukunftsprognosen basierende System der sowjetischen Gesellschaft und insbesondere gegen die pseudowissenschaftliche, ideologische Sprache der offiziellen Wissenschaft und Kultur. So werden etwa in den *»Gähnenden Höhen«* die vermeintlichen Errungenschaften der vom Staat geförderten und von der Parteiführung kontrollierten soziologischen Forschung in folgender Weise gewürdigt:

> »Eine wissenschaftliche Soziologie gibt es bereits seit mehr als hundert Jahren. Die Zahl professioneller Soziologen hat seitdem weltweit kolossale Ausmaße angenommen. Selbst bei uns, wo die Soziologie erst neuerdings, nur provisorisch und in nach Ansicht der Obrigkeit vernünftigen Ausmaßen und Richtungen zugelassen ist, hat die Zahl der Soziologen innerhalb weniger Jahre die Tausend überschritten, und ihre Untersuchungen haben bereits angefangen, einen bedrohlich wissenschaftlichen Charakter anzunehmen. Es genügt hier festzuhalten, daß beispielsweise einer unserer führenden Soziologen eine effektive Methode entwickelt hat, mit deren Hilfe er eine Tatsache zu ermitteln in der Lage war, die wie ein Blitz aus heiterem Himmel die Vorstellungskraft der ibanskischen Intelligenz getroffen hat. Es erwies sich nämlich, daß sich lediglich 99,99999999999 Prozent der Führungskräfte von Ibansk den Führungskräften von Ibansk gegenüber loyal verhalten, was in krassem Widerspruch zur offiziellen Auffassung steht, derzufolge die Zahl der Loyalen 105,371 Prozent der Führungskräfte insgesamt ausmacht. Infolgedessen sah man sich genötigt, das Ausmaß an soziologischen Untersuchungen in Ibansk etwas einzudämmen, so daß dem oben erwähnten ehemaligen führenden Soziologen, der im Auftrag des Laboratoriums grandiose Feldforschung betrieben hatte, die Möglichkeit genommen war klarzustellen, welch große Rolle in Ibansk und Umgebung die dort nie vorhanden gewesene öffentliche Meinung spielt.«

Die Intention und Leistung des Satirikers Sinowjew läßt sich schon an diesem einen Textbeispiel relativ klar erkennen. Durch die literarischen Verfahren der Groteske, der Hyperbolik und der Ironie sowie durch die Verwendung alogischer Wort- und Satzverbindungen wird nicht allein die Unsinnigkeit einer von Partei und Staat kontrollierten Forschungspraxis aufgewiesen. Indem sich die satirische

Darstellung gleichzeitig auf die offiziell propagierte, längst zur Ideologie erstarrte Sprache der Wissenschaft bezieht, wird darüber hinaus die »Soziomechanik« einer Gesellschaft erfaßt und bloßgelegt, in der auch noch die empirische Soziologie ausschließlich die Funktion erfüllt, den Inhabern der Macht die Loyalität ihrer Untergebenen vorzuspiegeln. Sowohl die politischen Auftraggeber solcher vermeintlichen Forschungen als auch die sie ausführenden Wissenschaftler scheinen bestimmten, ihnen selbst kaum bewußten »sozialen Gesetzen« unterworfen zu sein. Durch die freiwillige oder unfreiwillige Unterwerfung unter diese Gesetzmäßigkeiten ermöglichen sie aber nach Sinowjews Überzeugung erst das Funktionieren eines totalitären Systems, das auf gegenseitigem Mißtrauen und auf einer längst zur bloßen Phrase verkommenen Ideologie basiert.

Da Sinowjew, anders als Wojnowitsch, von vornherein nicht damit rechnete, die *»Gähnenden Höhen«* in der Sowjetunion veröffentlichen zu können, lassen sich im Anschluß an dieses Werk die prinzipiellen Unterschiede zwischen der offiziellen und nichtoffiziellen Satire der Nachkriegszeit noch einmal besonders klar erkennen und thesenartig in folgender Weise zusammenfassen:

1. Die Satiren der offiziellen sowjetischen Kultur beziehen sich auf einzelne, wenn auch relativ weit verbreitete negative Erscheinungen der Alltagswelt. Die Abweichungen von der »idealen Norm« werden mit dem moralischen oder sozialen Fehlverhalten einzelner Mitglieder der bestehenden Gesellschaft begründet und damit als jedenfalls prinzipiell zu korrigierende Schwächen dargestellt. Demgegenüber richten sich die Satiren der nichtoffiziellen Kultur auf das Gesamtsystem und seine politischen, ideologischen und kulturellen Voraussetzungen, durch die das Leben der einzelnen Individuen weitgehend determiniert wird. Sie erscheinen deshalb nicht länger als Subjekte, sondern vornehmlich als unselbständige Objekte des sie umgebenden totalitären Systems.

2. Ästhetisch gesehen orientieren sich die offiziellen Satiriker im allgemeinen am literarischen Realismus und insbesondere an der russischen Satiretradition des 19. Jahrhunderts, während von der nichtoffiziellen Satire eine komisch-groteske oder parabolisch-phantastische Form der Darstellung bevorzugt wird, um die bestehenden Macht- und Herrschaftsverhältnisse transparent zu machen. In diesen Werken werden häufig die etablierten Grenzen der fiktionalen Literatur nicht länger eingehalten, womit sich die literarische Satire der soziologischen Analyse oder dem philosophischen Diskurs zumindest annähert.

3. Während dem Leser oder Zuschauer der offiziellen Satire zumindest am Schluß die Möglichkeit des befreienden Lachens eingeräumt wird, setzen die nichtoffiziellen Satiriker die Komik, die Groteske oder die phantastische Hyperbolik in der Weise ein, daß die von ihnen dargestellte soziale Realität am angemessensten mit dem Topos der »verkehrten Welt« zu beschreiben ist. Wie in den verschiedenen Ausprägungen des absurden Theaters, aber ansatzweise auch schon bei Gogol oder Platonow, wird dem Leser oder Zuschauer eine sinnentleerte, entfremdete Welt vorgeführt, von der er sich schon deshalb nicht durch ein befreiendes Lachen distanzieren kann, da sie alle Bereiche des menschlichen Lebens zu durchdringen scheint.

Zumindest einige dieser nichtoffiziellen russischen Satiren lassen sich deshalb mit demselben Recht auch als negative Utopien lesen und interpretieren. Denn in ihnen wird eine literarische Tradition aufgegriffen und fortgesetzt, die im frühen 20. Jahrhundert von Autoren wie Kafka, Orwell oder Huxley, in Rußland vor allem von Jewgenij Samjatin mit seinem Zukunftsroman *»Wir«*, begründet worden ist.

LITERATURHINWEISE

Eine umfassende, historisch angelegte Darstellung über die Gesamtentwicklung der russischen Satire im 20. Jahrhundert ist bislang weder in der Sowjetunion noch im Westen erschienen. Um dem Leser dennoch einen Überblick über das breite Spektrum der satirischen Schreibart zu vermitteln, werden im folgenden zunächst Anthologien und literarhistorisch orientierte Arbeiten genannt, die sich zumindest auf bestimmte Perioden dieser Entwicklung oder einzelne satirische Gattungen beziehen. Dagegen werden die für die Darstellung selbst benutzten russischen Textausgaben und gegebenenfalls die entsprechenden deutschen Übersetzungen erst unter den Literaturhinweisen zu den einzelnen Kapiteln aufgeführt. Die dort zusätzlich angegebenen Seitenzahlen beziehen sich in der Regel auf die zitierten Textbeispiele, um dem Leser das Auffinden der russischen Originalzitate und gegebenenfalls der deutschen Übersetzungen zu erleichtern.

Anthologien:

I. S. Ėventov, Russkaja stichotvornaja satira 1908–1917*-ch godov,* L. 1974; *E. Müller-Kamp, So lacht das Krokodil. Satirisches Rußland,* München 1979; *ders., So lacht Rußland. Humor und Satire,* München 1960; *L. A. Plotkin/N. I. Totubalin, Russkaja satira XIX-načala XX veka,* M. L. 1960; *P. Henry, Anthology of Soviet Satire,* 2 Bde., London-Wellingborough 1972/74; *B. Filippov/V. Mediša, Jumor i satira poslerevoljucionnoj Rossii.* Antologija v dvuch tomach, London 1983.

Darstellungen:

R. L. Chapple, Soviet Satire of the Twenties, Gainesville

1980; *J. Ebding, Tendenzen der Entwicklung des sowjetischen satirischen Romans* (1919–1931), München 1981; *Ja. Ėl'sberg, Nasledie Gogolja i Ščedrina i sovetskaja satira,* M. 1954; *L. F. Eršov, Satiričeskie žanry russkoj sovetskoj literatury,* L. 1977; *ders., Sovetskaja satiričeskaja proza,* M. L. 1966; *ders., Sovetskaja satiričeskaja proza 20-ch godov,* M. L. 1960; *ders., Sovetskij satiričeskij roman v 20-e gody,* in: Voprosy sovetskoj literatury, Bd. 9, M. 1961, S. 357–396; *V. Frolov, Sovetskaja satiričeskaja komedija,* in: Voprosy sovetskoj dramaturgii, M. 1954, S. 263–329; *G. Giesemann, Das Parodieverständnis in sowjetischer Zeit. Zum Wandel einer literarischen Gattung,* Gießen 1983; *E. K. Ozmitel', Sovetskaja satira.* Seminarij. Posobie dlja studentov, M. L. 1964. *Sovetskij fel'eton,* M. 1959; *S. Stykalin/I. Kremenskaja, Sovetskaja satiričeskaja pečat'* 1917–1963, M. 1963; *A. Vulis, Sovetskij satiričeskij roman. Ėvoljucija žanra v 20–30-e gody,* Taškent 1965.

Zu Kapitel I (Einleitung):

Einen gründlichen Überblick über die westliche Satiretheorie vermittelt der Forschungsbericht von *J. Brummack, Zu Begriff und Theorie der Satire,* in: Deutsche Vierteljahresschrift f. Literaturwiss. und Geistesgeschichte 45(1971), Sonderheft, S. 275–377. Eine repräsentative Auswahl der wichtigsten westlichen Arbeiten zur Satiretheorie bietet der mit einer umfangreichen Bibliographie versehene Sammelband von *B. Fabian, Satura. Ein Kompendium moderner Studien zur Satire,* Hildesheim/New York 1975 sowie die schon früher in den USA erschienene Essay-Sammlung von *R. Paulson, Satire: Modern Essays in Criticism,* Englewood Cliffs 1971. Außer der im Text erwähnten Monographie von *K. W. Hempfer, Tendenz und Ästhetik. Studien zur französischen Verssatire des 18. Jahrhunderts* (München 1972) ist die hier vorgenommene Bestimmung der satirischen Schreibart vor allem folgenden Abhandlungen verpflichtet: *A. Kernan, The Cankered*

Muse: Satire of the English Renaissance, New Haven 1959; *U. Gaier, Satire. Studien zu Neidhart, Wittenwiler, Brant und zur satirischen Schreibart,* Tübingen 1967; *W. Weiss, Probleme der Satireforschung und das heutige Verhältnis der Satire,* in: W. Weiss (Hrsg.), Die englische Satire (Wege der Forschung 562), Darmstadt 1982, S. 1–16. Die zitierte Abgrenzung des Satirischen vom Komischen von W. Preisendanz findet sich in dem von *Preisendanz* herausgegebenen Sammelband *»Das Komische« (Poetik und Hermeneutik VII),* München 1976, S. 412, in dem auch in anderen Beiträgen das Verhältnis zwischen dem Komischen und dem Satirischen diskutiert wird.

Die sowjetische Satiretheorie wird, wenn auch nur knapp, in der Einleitung zu der oben zitierten Monographie von *J. Ebding, Der sowjetische satirische Roman* (S. 7–12) erörtert. Ihre neuere Entwicklung läßt sich am besten im Anschluß an die folgenden Monographien verfolgen: *Ju. Borev, O komičeskom,* M. 1957 (Dt. Übers.: Berlin 1960); *Ja. Ėl'sberg, Voprosy teorii satiry,* M. 1957; *D. Nikolaev, Smech – oružie satiry,* M. 1962; *I. Ėventov, Lirika i satira. Literaturno-kritičeskie stat'i,* L. 1968.

Zu Kapitel II (Historische Voraussetzungen und literarische Traditionen):

Textausgaben und Übersetzungen:

M. Gor'kij, Poln. sobr. soč., Bd. 12, M. 1971, S. 181. Eine deutsche Übersetzung von Gor'kijs »Russischen Märchen« liegt m. W. bisher nicht vor. *D. Bednyj, Stichotvorenija i poėmy,* M. L. 1965. S. 76f.; *ders., Gedichte und Fabeln,* Leipzig 1974, S. 14; *V. Majakovskij, Poln. sobr. soč. v. trinadcati tomach,* Bd. 1, M. 1955, S. 76f.; *ders., Werke,* hrsg. von L. Kossuth, Bd. 1, Berlin und Frankfurt o. J. [1966], S. 13f.

Zum historischen Hintergrund vgl. die eingehende Darstellung der revolutionären Aktionen des Jahres 1905 und ihrer Folgen bei *V. Gitermann, Geschichte Rußlands,*

Bd. 3, Zürich 1949, sowie das Kapitel »Von Revolution zu Revolution« bei G. *Stökl, Russische Geschichte. Von den Anfängen bis zur Gegenwart,* Stuttgart 1962, S. 592–626. Die satirische Publizistik dieses Zeitraums ist eingehend beschrieben und dokumentiert bei *V. Bocjanovskij/E. Gollerbach, Russkaja satira pervoj revoljucii. 1905–1906*, L. 1925 und *B. M. Levintov, Satiričeskaja žurnalistika 1905–1907 godov,* in: Voprosy sovetskoj literatury, Bd. 5, M. L. 1957, S. 269–318. Einen Überblick über die Gesamtentwicklung der russischen Satire bis zur Oktoberrevolution bietet *L. A. Spiridonova (Evstigneeva), Russkaja satiričeskaja literatura načala XX veka,* M. 1977. Die frühen und späteren satirischen Werke von Maksim Gor'kij werden in dem umfangreichen Buch von *I. Ėventov, Sila sarkasma. Satira i jumor v tvorčestve M. Gor'kogo,* L. 1973 ausführlich kommentiert. Derselbe Verfasser hat in seiner knapper gehaltenen Monographie *»Žizn' i tvorčestvo Dem'jana Bednogo«* (L. 1967) auch die besondere Bedeutung Dem'jan Bednyjs für die spezifisch sowjetische, parteibezogene Satire dargelegt. Zu den frühen satirischen Werken Majakovskijs sind die folgenden beiden Spezialuntersuchungen besonders zu empfehlen: *V. D. Duvakin, Satira Majakovskogo,* in: Vladimir Majakovskij. Sbornik 1. Pod. red. A. L. Dymšica i O. V. Cechnovicera, M. L. 1940, S. 126–184 sowie die eher formalistisch ausgerichtete Analyse von *V. Trenin/N. Chardžiev, Majakovskij i »Satirikonskaja« poėzija,* in: Dies., Poėtičeskaja kul'tura Majakovskogo, M. 1970, S. 73–95.

Zu Kapitel III (Satire als Instrument der politischen Agitation und Propaganda):

Textausgaben und Übersetzungen: Majakovskij, Poln. sobr. soč., Bd. 3, S. 216 und 223. Eine deutsche Übersetzung der Bildergeschichte findet sich in dem reich illustrierten Sammelband von *W. Duwakin, Rosta-Fenster. Majakowski als Dichter und bildender Künstler,* Dresden 1967, Abb. 48.

Bednyj, Stichotvorenija i poėmy, S. 165f. *Ders., Gedichte und Fabeln,* S. 70–72. *Majakovskij, Poln. sobr. soč.,* Bd. 4, S. 7–9. *Ders., Werke,* Bd. 1, S. 57–59. *A. Averčenko, Djužina nožej v spinu revolucii,* Paris 1921 (Reprint: Jerusalem 1975).

Eine sehr präzise Darstellung über die Entstehung, Verbreitung und ästhetische und politische Funktion der Rosta-Fenster bietet *V. Duvakin* in seiner Abhandlung *»'Okna Rosta' i ich političeskoe i literaturnoe značenie«,* in: Tvorčestvo Majakovskogo. Sbornik statej, M. 1952, S. 313–436. Sie ist, wenn auch in verkürzter Form, in den oben zitierten, von Duvakin herausgegebenen Sammelband *»Rosta-Fenster. Majakowski als Dichter und bildender Künstler«* eingegangen. Einen vornehmlich historisch orientierten Kommentar zur Entstehungs- und Publikationsgeschichte von Majakovskijs Verssatire »Prozasedavšiesja«, in der vor allem auch die positive Stellungnahme Lenins herausgestellt wird, findet sich bei *V. Percov, Majakovskij. Žizn' i tvorčestvo.* Bd. 2 (1918–1924), M. 1971, S. 164–171.

Zu Kapitel IV (Die komisch-satirische Kurzgeschichte):

Textausgabe und deutsche Übersetzung:

M. Zoščenko, Izbrannoe, L. 1981, S. 26 und 100. *Ders., Bleib Mensch, Genosse. Satiren und Grotesken,* München/Wien 1970, S. 13f. und S. 125f.

Über die Auswirkungen der »Neuen Ökonomischen Politik« auf die wirtschaftliche und politische Entwicklung informiert im einzelnen *R. Lorenz, Sozialgeschichte der Sowjetunion I.* 1917–1945, Frankfurt 1976, S. 121–181. Die gerade für die Entwicklung der Satire wichtigen kulturpolitischen Veränderungen während der 20er Jahre habe ich selbst in meiner Abhandlung *»Kunst als organisierte Erfahrung. Über den Zusammenhang von Kunsttheorie, Literaturkritik und Kulturpolitik bei A. V. Lunačarskij«* (München 1980) ausführlicher dargestellt. Das ästhetische und politische Konzept der Serapionsbrüder ist bereits dem 1922 in Berlin erschienenen, inzwischen von *F. Scholz* neu herausgegebenen und mit einer informativen Einleitung versehenen Sammelband *»Serapionovy brat'ja«* (Nachdruck: München 1973) zu entnehmen, in dem auch die im Text zitierte Stellungnahme von Zoščenko enthalten ist. In deutscher Übersetzung finden sich die Äußerungen von Zoščenko bei *G. Drohla (Hrsg.), Die Serapionsbrüder von Petrograd,* Frankfurt 1963, S. 306f. Ausführlicher wird die enge Beziehung zwischen Zoščenko und den Serapionsbrüdern dargestellt von *H. Oulanoff, The Serapion Brothers. Theory and Practice,* The Hague/Paris 1966. Aus der umfangreichen Literatur zu Zoščenko können hier nur die folgenden neueren Arbeiten genannt werden: *M. Čudakova, Poėtika Michaila Zoščenko,* M. 1979; *L. F. Eršov, Iz istorii sovetskoj satiry. M. Zoščenko i satiričeskaja proza 20–40ch godov,* L. 1973.; *H. Günther, Zur Semantik und Funktion des Skaz bei M. Zoščenko,* in: G. Erler u. a. (Hrsg.), Von der Revolution zum Schriftstellerkongreß. Entwicklungsstrukturen und Funktionsbestimmungen der russischen Literatur zwischen 1917 und 1934, Berlin 1979, S. 326–353; *I. R. Titunik, Michail Zoščenko and the Problem of Skaz,* in: California Slavic Studies, 1971, VI, S. 83–96.

Zu Kapitel V (Satire als phantastische und realistische Groteske):

Textausgaben und Übersetzungen:

M. Bulgakov, Sobr. soč., Bd. 1, Ann Arbor 1982, S. 269; *ders., Meistererzählungen,* München/Berlin 1970, S. 228; *ders., D'javoliada. Povest' o tom, kak bliznecy pogubili deloproizvoditelja,* London 1970, S. 57; *ders., Meistererzählungen,* S. 215; *ders., Sobač'e serdce,* in: Grani 69 (1968), S. 74; *ders., Hundeherz,* Darmstadt 1970, S. 137f. *A. Platonov, Izbrannye proizvedenija,* Bd. 1, S. 289 und 294f.; *ders., In der schönen und grimmigen Welt. Ausgewählte Prosa,* Bd. 1, Berlin 1969, S. 63 und 71.

Das generelle Verhältnis zwischen dem Satirischen und dem Grotesken wird, wenn auch auf sehr unterschiedliche Weise, in folgenden Arbeiten erörtert: *W. Kayser, Das Groteske. Seine Gestaltung in Malerei und Dichtung,* Oldenburg 1961; *Ju. Mann, O groteske v literature,* M. 1966; *G. Mensching, Das Groteske im modernen Drama,* Bonn 1961. Die frühen satirischen Skizzen und Feuilletons von Bulgakov werden am eingehendsten analysiert von *A. C. Wright, Michail Bulgakov: Life and Interpretations,* Toronto/Buffalo/London 1978. Eine differenzierte, die verschiedenen vorausgehenden Interpretationen gegeneinander abwägende Interpretation von Bulgakovs »Hundeherz« bietet *V. Levin, Das Groteske in M. Bulgakovs Prosa. Mit einem Exkurs zu A. Sinjavskij,* München 1975, S. 32–56. Zu Platonovs Erzählung »Die Stadt Gradov« vgl. die Analyse von *L. E. Krojčik, Osobennosti satiry A. Platonova (Gorod Gradov),* in: Tvorčestvo A. Platonova. Stat'i i soobščenija, Voronež 1970, S. 117–129. Eine aufschlußreiche Übersicht über die unterschiedliche Reaktion der offiziellen Literaturkritik auf Platonovs Erzählung findet sich bei *M. Geller, A. Platonov v poiskach ščast'ja,* Paris 1982, S. 121f.

Zu Kapitel VI (Zeitkritische Komödie und märchenhaftes Schaustück):

Textausgaben und Übersetzungen:

N. Ėrdman, Mandat. P'esa v trech dejstvijach. Red. i vstup. stat'ja V. Kazaka, München 1976, S. 109. Eine dt. Übers. von Erdmans »Mandat« ist nur als Bühnenmanuskript beim Luchterhand-Verlag (Darmstadt) erschienen. *Ders., Samoubijca,* Ann Arbor 1980, S. 88; *ders., Der Selbstmörder,* in: Theater heute, Juli 1970, S. 56; *V. Majakovskij, Poln. sobr. soč.,* Bd. 11, M. 1958, S. 238 und 273; *ders., Die Wanze, Schwitzbad und andere satirische Dichtungen aus den Jahren* 1928–1929, hrsg. von F. Mierau, Darmstadt 1980, S. 25f. und S. 56; *ders., Poln. sobr. soč.,* Bd. 11, S. 307;

ders., Die Wanze, Schwitzbad, S. 81; *E. Švarc, P'esy,* L. 1972, S. 348; *ders., Der Drache. Märchenkomödie,* Köln 1962, S. 89

Zur Gesamtentwicklung der satirischen Komödie und zu den Märchenstücken von E. Švarc vgl. *H. B. Segel, Twentieth-Century Russian Drama. From Gorky to the Present,* New York 1979, S. 182–221 und S. 281–294. Verschiedene, gegenüber der sowjetischen Deutung die Universalität des satirischen Angriffs betonende Interpretationen der späten Komödien Majakovskijs bieten *E. J. Brown, Mayakovsky. A Poet in the Revolution,* Princeton 1973, S. 325–335 und *A. M. Ripellino, Majakowskij und das russische Theater der Avantgarde,* Köln 1964, S. 179–243. Über die damalige Aufführungspraxis und die Reaktion der zeitgenössischen Literaturkritik informiert eingehend *K. Rudnickij, Režisser Mejerchol'd,* M. 1969, S. 394–421 sowie *V. Percov, Majakovskij. Žizn' i tvorčestvo,* Bd. 3, M. 1972, S. 224–304. In deutscher Sprache sind die Auseinandersetzungen zwischen Majakovskij und der offiziellen Literaturkritik ausführlich dargestellt und dokumentiert in der oben zitierten Ausgabe *W. Majakowski, Die Wanze, Schwitzbad und andere satirische Dichtungen,* S. 189–238. Zu den Märchenkomödien von E. Švarc und ihrer ungewöhnlichen Rezeptionsgeschichte vgl. jetzt die knappe zusammenfassende Darstellung von *A. J. Metcalf, E. Shvarts and his Fairy-Tales for Adults,* Birmingham 1979. Das eingangs zitierte Plädoyer von Trockij für eine Erneuerung der klassischen satirischen Komödie findet sich in dessen Darstellung *»Literatur und Revolution«,* Berlin 1968, S. 201.

Zu Kapitel VII (Satire als negative und positive Utopie):

Textausgaben und Übersetzungen:

E. Zamjatin, My, New York 1967, S. 6 und 142; *ders., Wir,* München o. J. (Heyne-Buch 3467), S. 6 und 109; *I. Ėrenburg, Sobr. soč., v devjati tomach,* M. 1962, S. 232;

ders., *Julio Jurenito*, München 1967, S. 295; *I. Il'f/E. Petrov, Sobr. soč. v pjati tomach*, Bd. 2, M. 1961, S. 120; *dies.*, *Ein Millionär in Sowjetrußland*, Berlin-Wien-Leipzig 1932, S. 130.

Aus der umfangreichen Literatur zu Zamjatin können hier nur die folgenden Arbeiten genannt werden: *E. J. Brown, Brave New World*, 1984 and We. An Essay on Anti-Utopia, Ann Arbor 1976; *C. Collins, Evgenij Zamjatin. An Interpretive Study*, The Hague 1973; *L. Scheffler, Zamjatins Konzeption vom zeitkritischen Schriftsteller*, in: Zeitschr. f. Slav. Phil. 40 (1978), S. 335–357; *Ju. Striedter, Die Doppelfiktion und ihre Selbstaufhebung. Probleme des utopischen Romans, besonders im nachrevolutionären Rußland*, in: D. Henrich/W. Iser (Hrsg.), Funktionen des Fiktiven (Poetik und Hermeneutik X), München 1983, S. 277–330. Eine ausführliche, auch die Beurteilung durch die zeitgenössische Literaturkritik miteinbeziehende Interpretation von Ėrenburgs »Julio Jurenito« bietet *E. Ujvary-Maier, Studien zum Frühwerk Ilja Erenburgs. Der Roman »Chulio Churenito«*, Zürich 1970. Zum »Goldenen Kalb« vgl. – neben den Ausführungen von J. Ebding innerhalb seiner oben zitierten Darstellung über den sowjetischen satirischen Roman – die vielseitige Untersuchung von *U. M. Zehrer, »Dvenadcat' stul'ev« und »Zolotoj telenok« von I. Il'f und E. Petrov: Entstehung, Struktur, Thematik*, Gießen 1975. Grundsätzlich wird das Verhältnis zwischen Satire und negativer Utopie diskutiert bei *H. Gnüg, Der utopische Roman* (Artemis Einführungen 6), München/Zürich 1983.

Zu Kapitel VIII (Die Verdrängung der Satire im Stalinismus):

Textausgaben und Übersetzungen:

M. Zoščenko, Izbrannoe, L. 1981, S. 429; *ders.*, *Das Himmelblaubuch*, Berlin 1966, S. 243 *M. Bulgakov, Master i Margarita*, Frankfurt 1969, S. 72f.; *ders.*, *Der Meister und Margarita*, Neuwied/Berlin 1968, S. 89f.

Einen informativen, wenn auch sehr allgemein gehaltenen Überblick über die unterschiedliche Einschätzung der Satire durch die offiziellen Kritiker und Kulturpolitiker bietet *L. Eršov, Sovetskaja satiričeskaja proza* 20-ch godov, M. L. 1960, S. 43–49. Gor'kijs Gegenüberstellung von kritischem und sozialistischem Realismus sowie die Grunddefinition des sozialistischen Realismus im Statut des Schriftstellerverbandes werden zitiert nach: *Pervyj vsesojuznyj s-ezd sovetskich pisatelej,* M. 1934, S. 17 und S. 716. Eine deutsche Übersetzung dieser Passagen findet sich bei *H.-J. Schmitt/G. Schramm (Hrsg.), Realismuskonzeptionen. Dokumente zum 1. Allunionskongreß der Sowjetschriftsteller,* Frankfurt 1974, S. 81 und 390. Die Entwicklung Zoščenkos in den 30er und 40er Jahren und die einschneidenden, insbesondere die Satiriker betreffenden Veränderungen des kulturpolitischen Klimas in der sog. Ždanov-Ära beschreibt eingehend *R. A. Domar, Die Tragödie eines Sowjet-Satirikers. Der Fall Soschtschenko,* in: E. J. Simmons (Hrsg.), Der Mensch im Spiegel der Sowjet-Literatur, Stuttgart 1956, S. 238–285. Bulgakovs Roman *»Master i Margarita«* ist seit seiner verspäteten Veröffentlichung so ausführlich interpretiert und kommentiert worden, daß in diesem Rahmen auch ein knapper Überblick über die Forschungsgeschichte nicht gegeben werden kann. Die inzwischen viel zitierte Formulierung »A Comedy of Victory« ist zuerst von *L. Milne* in ihrer knappen monographischen Studie *»The Master and Margarita. A Comedy of Victory«* (Birmingham 1977) verwendet und dort ausführlicher begründet worden. Eine sehr differenzierte, auch andere Deutungen des Romans mit einbeziehende bzw. kritisch gegeneinander abwägende Gesamtinterpretation des Romans bietet *B. Zelinsky,* in: B. Zelinsky (Hrsg.), Der russische Roman, Düsseldorf 1979, S. 330–353.

Zu Kapitel IX (Die offizielle und nichtoffizielle Satire der Nachkriegszeit):

Textausgaben und Übersetzungen:

A. Jašin, Ryčagi, in: Literaturnaja Moskva. Sbornik vtoroj, M. 1956, S. 510; *ders., Die Hebel,* in: H. von Ssachno (Hrsg.), Russische Prosa Heute, München/Berlin 1972, S. 62f.; V. Šukšin, Ėnergicnye ljudi, in: ders., Rasskazy i povesti, Kišinev 1978, S. 475–509; *ders., Bruderherz. Prosastücke und Satiren,* Neuwied/Darmstadt 1978, S. 127–184. *A. Terc (Sinjavskij), Fantastičeskie povesti,* New York 1967, S. 446; *ders., Der Prozeß beginnt,* Frankfurt 1966, S. 155; *N. Aržak (Daniel'), Govorit Moskva. Povesti i rasskazy,* New York 1966; *V. N. Vojnovič, Žizn' i neobyčajnye priključenija soldata Ivana Čonkina,* Paris 1975; *ders., Die denkwürdigen Abenteuer des Soldaten Iwan Tschonkin,* Darmstadt/Neuwied 1975; *ders., Pretendent na prestol. Novye priključenija soldata Ivana Čonkina,* Paris 1979; *A. Zinov'ev, Zijajuščie vysoty,* Lausanne 1976, S. 14f.; *ders., Gähnende Höhen,* Zürich 1981, S. 29 f.

Die Differenzierung zwischen offizieller und nichtoffizieller Kultur, die von dem Literaturwissenschaftler und Kulturtheoretiker M. Bachtin bereits in den späten 20er Jahren vorgenommen wurde, wird heute vornehmlich dazu verwendet, um zwischen der sowjetischen, von Partei und Staat beeinflußten und kontrollierten Kultur und Literatur und den nur im Samisdat oder im Westen verbreiteten Texten zu unterscheiden. Die Genese dieser Kategorien wird ausführlicher dargestellt und historisch begründet von *H. Günther, Michail Bachtins Konzeption als Alternative zum sozialistischen Realismus,* in: V. Zima (Hrsg.), Semiotics and Dialectics. Ideology and the Text, Amsterdam 1981, *S.* 137–177. Die zitierten Bemerkungen von Chruschtschow über die politische Funktion der sowjetischen Satire aus einer Rede vom 8. 3. 1963 sind in dt. Übers. zugänglich in Chruschtschows *»Reden zur Kulturpolitik«* (Berlin 1964, S. 190). Eine noch restriktivere Auslegung und Funktionsbestimmung durch Chruschtschow findet sich in demselben Sammelband (S. 169–171) unter dem Titel »Die Satire tut ihr nützliches Werk.« An weiteren Textbeispielen werden die Unterschiede zwischen der offiziellen und nichtoffiziellen Satire erörtert von *E. Reißner, Satire in der russischen Gegenwartsliteratur,* in: Osteuropa 28 (1978), S. 210–218 und *W. Kasack, Satire als Vorausschau. Zu Vladimir Maramzins »Tjanitolkaj« (Das Stoßmich-Ziehdich),* in: H. Riggenbach (Hrsg.), Colloquium Slavicum Basiliense. Gedenkschrift für H. Schroeder, Bern/Las Vegas 1981, S. 301–313. Zur Spezifik der Satire bei Vojnovič vgl. *R. C. Porter, Vladimir Voinovich and the Comedy of Innocence,* in: Forum for Modern Language Studies 16 (1980), S. 97–107 sowie *G. Hosking, Beyond Socialist Realism. Soviet fiction since »Ivan Denisovich«,* London 1980, S. 136–154. Gegen die Klassifizierung der »Gähnenden Höhen« als Satire wendet sich *G. Andreev, A. Zinov'evs »Klaffende Höhen« im Land der alogischen Gesetzmäßigkeit,* in: Berichte des Bundesinstituts für ostwiss. und intern. Studien 36 (1978), S. 1–60. Mit dieser These, die auf einem zu konventionellen Satire-Begriff basiert und den Fiktionscharakter des Werks nicht hinreichend berücksichtigt, habe ich mich in meiner Abhandlung *»Satire als Ideologiekritik. Der Schriftsteller Aleksandr Zinov'ev«* (Wiener slawistischer Almanach 9, 1982, S. 205–223) auseinandergesetzt, in der auch die Bezüge zur Gattungstradition der menippeischen Satire ausführlicher erörtert werden.

Artemis Einführungen

In gleicher Ausstattung sind bisher erschienen:

Skaldendichtung

Von Klaus von See. 1980. 108 S., ISBN 3-7608-0526-4

Diese »informative und sehr gut lesbare Einführung«

(Zeitschrift für romanische Philologie)

». . . ein Band, von dem sich anregen zu lassen eine Freude ist.«

(Germanistik)

Trobadorlyrik

Von Ulrich Mölk. 1982. 127 S., ISBN 3-7608-1302-X

Ulrich Mölks Einführung macht »auf eingängige Weise, doch wissenschaftlich gestützt, jedem Interessierten eine Literatur zugänglich, die bisher viel zu wenig Beachtung gefunden hat.« *(RAI)*

Virginia Woolf

Von Willi Erzgräber. 1982. 174 S., ISBN 3-7608-1301-1

»Das handliche Büchlein eignet sich nicht nur hervorragend als Einführung in das schriftstellerische Werk von Virginia Woolf, es regt auch dazu an, die Texte selber einmal zu lesen.«

(Der Landbote, Winterthur)

Diderot

Von Jürgen von Stackelberg. 1983. 119 S., ISBN 3-7608-1303-8

»Welch glückliche Idee, die vertrauten Dünndruck-Klassiker-Ausgaben des Artemis und Winkler Verlags jeweils durch ein Einführungsbändchen eskortieren zu lassen, zumal wenn der Klassiker ein so unbekannter ist wie »Diderot«, dem Jürgen v. Stackelberg eine kurze, aber sehr informative Studie widmet.« *(Die Welt)*

Der deutsche Schelmenroman

Von Jürgen Jacobs. 1983. 135 S., ISBN 3-7608-1306-2

»Die Untersuchung besticht durch die klare, formale, soziologische und psychologische Merkmale berücksichtigende Gattungsdefinition und durch die komprimierten Werkanalysen.«

(ekz-Informationsdienst, Reutlingen)

Der utopische Roman

Von Hiltrud Gnüg. 1983. 182 S., ISBN 3-7608-1310-0

»Hier wird in übersichtlicher Form von Platons ›Politeia‹ ausgehend, auf dem Weg über die ›Utopia‹ des Thomas Morus utopisches Denken vorgestellt. Der utopische Roman ist sehr lesenswert und eine verständliche und Verstehen schaffende Darstellung einer literarischen Gattung.« *(Vorarlberger Nachrichten)*

Der englische Schauerroman

Von Ingeborg Weber. 1983. 144 S., ISBN 3-7608-1307-0

»Die Einführung in Terror und Horror, die uns ins Spannungsfeld zwischen Aufklärung und Romantik versetzt, fesselt von Anfang an, und Ähnliches läßt sich zum Lob der übrigen vorliegenden Bände sagen. *(Hannoversche Neue Presse)*

Deutsche Großstadtlyrik

Von Karl Riha. 1983. 168 S., mit 16 Abb., ISBN 3-7608-1308-9

»Diese Interpretationen bekunden eine ausgezeichnete Sachkenntnis und sind doch durchaus allgemeinverständlich und flüssig formuliert.« *(ekz-Informationsdienst, Reutlingen)*

George Orwell

Von Hans-Joachim Lang. 1983. 138 S., ISBN 3-7608-1309-7

»Wer ›1984‹, die ›Farm der Tiere‹ oder den ›Weg nach Wigan Pier‹ kennenlernen möchte, ist nicht schlecht beraten, wenn er sich über die Person des Verfassers und die biographischen Hintergründe seiner Bücher in dieser Broschüre zu informieren sucht.« *(FAZ)*

Die antike Rhetorik

Von Manfred Fuhrmann. 1984. 160 S., ISBN 3-7608-1304-6

»Ein Stück Kulturgeschichte, meisterhaft erzählt, für den aufgeweckten Laien so verständlich wie für Schüler und Studenten nützlich, mit der Darstellung der bedeutendsten Rhetoren von Gorgias und Aristoteles bis Cicero und Quintilian.« *(FAZ)*

Tolstoj

Von Wilhelm Lettenbauer. 1984. 132 S., ISBN 3-7608-1311-9

Lettenbauer zieht in dieser Einführung gleichsam ein Resümee seiner jahrzehntelangen Beschäftigung mit Tolstoj. Er beschreibt dessen radikale Abkehr von allen literarischen Schablonen und erschließt in in seinen Interpretationen der Erzählungen und Dramen sowie der Romane »Krieg und Frieden«, »Anna Karenina« und »Auferstehung« neue Zugänge zur literarisch-ästhetischen Eigenart dieser Werke.

Literarischer Jugendstil in Wien

Von Hartmut Scheible. 1984. 184 S. mit 2 Abb., ISBN 3-7608-1312-7

»Eine Stadt in ihrer Bedeutung für die Literatur zu erschließen, gelingt Hartmut Scheible mit seinem Band ›Literarischer Jugendstil in Wien‹. Die Interpretation der Stadtlandschaft Wiens aus ihrer Sozialgeschichte verbindet Scheible mit einer geradezu modellhaften Literaturanalyse.« *(Süddeutsche Zeitung)*

Französische Literatur – Renaissance und Barock

Von Jürgen von Stackelberg. 1984. 144 S., ISBN 3-7608-1313-5

In der vorliegenden Einführung werden die ersten anderthalb Jahrhunderte frühneuzeitlicher Literaturentwicklung nachgezeichnet. Die epochenorientierte und komparatistisch angelegte Darstellung beleuchtet darüber hinaus den historischen Hintergrund und enthält Porträts der wichtigsten Autoren der Zeit. Jürgen von Stackelberg erschließt damit gleichzeitig den Zugang zu den Hauptwerken Rabelais', Montaignes, Malherbes, Pascals, Descartes' und Corneilles.

Ezra Pound

Von Franz Link. 1984. Ca. 168 S., ISBN 3-7608-1314-3

Ezra Pound (1885–1972) gilt zusammen mit T. S. Eliot als Begründer der modernen anglo-amerikanischen Verskunst. Franz Link legt in seiner Einführung besonderes Gewicht auf die Rolle, die Mythos und Geschichte im Hauptwerk Ezra Pounds – den Cantos – spielen, inwieweit dessen Dichtung Wirklichkeit interpretiert und welche Wirkung Pound heute noch auf die zeitgenössische Literatur hat.

ARTEMIS VERLAG
Martiusstr. 8 · 8000 München 40
Limmatquai 18 · CH-8024 Zürich